教育心理学のための統計学

テストでココロをはかる

熊谷龍一
荘島宏二郎

心理学のための統計学
4

誠信書房

シリーズまえがき

◆ ラインアップ

「心理学のための統計学」シリーズは，心理学において必要な統計手法を広くカバーするべく用意いたしました。現在のところ，本シリーズは，以下のようなラインアップとなっています。

巻号	タイトル	主な内容
第1巻	心理学のための統計学入門 —— ココロのデータ分析	記述統計量・相関係数・正規分布・統計的仮説検定・z検定
第2巻	実験心理学のための統計学 —— t検定と分散分析	t検定・一要因分散分析・二要因分散分析
第3巻	社会心理学のための統計学 —— 心理尺度の構成と分析	因子分析・重回帰分析・階層的重回帰分析・共分散分析・媒介分析
第4巻	教育心理学のための統計学 —— テストでココロをはかる	信頼性係数・項目反応理論・マルチレベル分析・適性処遇交互作用
第5巻	臨床心理学のための統計学 —— 心理臨床のデータ分析	メタ分析・例数設計・検定力分析・ROC曲線
第6巻	パーソナリティ心理学のための統計学 —— 構造方程式モデリング	確認的因子分析・パス解析・構造方程式モデリング（共分散構造分析）・信頼性・妥当性
第7巻	発達心理学のための統計学 —— 縦断データの分析	縦断データ解析・欠測データ・潜在成長モデル
第8巻	消費者心理学のための統計学 —— 市場調査と新商品開発	クラスター分析・コレスポンデンス分析・ロジスティック回帰分析
第9巻	犯罪心理学のための統計学 —— 犯人のココロをさぐる	多次元尺度法・決定木・ナイーブベイズ・ブートストラップ・数量化理論・生存時間分析・地理空間分析

◆ コンセプト

各巻は，個別心理学のストーリーに寄り添いながら，統計手法を勉強するつくりになっています。たとえば，『社会心理学のための統計学』では，「態度」や「対人認知」など社会心理学における重要な概念を学びつつ，統計手法を抱き合わせで解説しています。

効率性を重視したならば，これほどの巻数を必要とせずに少ない巻数で統計学を学習することができるでしょう。しかし，**本シリーズは，個別心理学のストーリーを最優先にして，個別心理学の文脈の中で統計学を学ぶというスタンスをとっています。**心理の学生には，このようなコンセプトのほうが学習効果が高いと願ってのことです。

ただし，各巻は，個別心理学でよく用いられる統計手法を優先的に取り上げていますが，たとえば『社会心理学の統計学』を学べば，社会心理学に必要な統計手法がすべて網羅されているわけではありません。統計手法は，各巻でなるべく重複しないように配置しています。また，巻号が後ろになるほど高度な内容になっています。したがって，意欲的な読者は，自分の専門でない心理学分野で頻用される統計手法についても学習を進めることをお勧めします。

◆読者層

おおむね第1～5巻は学部生を対象に，第6巻以降は大学院生を対象と考えています。

◆構成

各巻は，おおむね7章構成となっており，各章はおよそ授業1コマで教える内容量となっています。つまり，2巻で半期（半年）の分量となっています。

◆伴走サイト

以下に，URLで伴走サイト（accompanying site）を用意しています。ここには，本書で用いたデータ，分析のためのソフトウェアプログラム，授業のパワーポイント教材（教員向け），Quizの解答などが置いてあります。どうぞご自由にお使いください。

http://shojima.starfree.jp/psychometrics/

◆両親へ

「育てられたようにしか育てることができない」のたとえどおり，いま，子どもができて思うことは，自分が育てられたように，娘を育てているということです。それについて娘に「申し訳ない」という気持ちが今のところ起こっていないのは，自分が両親の育て方を肯定的にとらえているからだと思います。そのように育ててくれた二郎・美地子に感謝します。

◆最後に

本シリーズが皆さまの学習を促進し，よりよい成果を導くことを願っています。また，本シリーズを上梓するうえで，誠信書房の松山由理子様と中澤美穂様に多大なお世話になりました。この場をもちまして厚くお礼申し上げます。

2015年8月

シリーズ編者　荘島 宏二郎

まえがき

◆ 本書の説明

　本書のタイトルは「教育心理学のための統計学」です。では，教育心理学を研究するために必要な統計学とは一体何なのでしょうか。本書を執筆するにあたり，日本教育心理学会が発行している『教育心理学研究』を眺めてみました。各巻5編程度の論文が掲載されていますが，どの巻にも共通して出現している分析は，t検定・分散分析などの平均値差に関する分析と因子分析でした。文字どおりに，教育心理学のために必要な統計学といえば，この2つの分析手法のことになるのかもしれません。

　しかしこの2つの分析手法は，教育心理学（また心理学全般）にとどまらず多くの研究分野で必要とされるものであり，わかりやすく解説された本も数多く出版されています。本シリーズでも，第2巻，第3巻，第6巻で取り扱われています。

　そこで本書では，これからの教育心理学の研究でますます使われていくと思われる分析手法について，その概要をわかりやすく伝えることを目的としました。本書で取り扱った手法は，マルチレベル分析や項目反応理論，特異項目機能など，やや応用的なものが多いです。そして，それらをできるだけ数式を用いないで説明するようにしました。ただし，「統計ソフトウェアの出力結果をただ論文に書き写す」というレベルにとどまらないように，その数値が意味するところは何なのかをきちんと踏まえて，読者の皆さんがそれぞれの研究のなかに生かすことができるように心がけました。しかしながら，応用的な分析の概要・枠組みを伝えるという性質上，厳密性を欠く表現になっていたり，主要な論点を盛り込みきれなかったところも多々あります。読者の皆さまにおかれましては，もし本書で取り上げたさまざまな分析についてもっと深く知りたいという場合には，各章の分析を個別に取り扱っている専門書が多数出版されていますので，そちらをご覧いただければ幸いです。

　本書の特色のもう一つが「テスト」を軸にしていることです。各章において何らかのテストの分析をすることで話が始まります。おそらく，テストを一度も受けたことがない日本人はほとんどいないでしょう。それだけテストが世の中に与える影響は大きいわけですが，とりわけその影響が大きいのが「教育」においてでしょう。当然，教育心理学の研究においてもテストの役割は大きいはずです（この「テスト」のなかには，教育心理学の研究でよく用いられる「心理尺度」も含みます）。こういったことから，本書ではテストを題材にして，各分析手法の紹介をすることにしました（私がテスト理論に関する研究を第一テーマとしてきたこととも，当然無関係ではないのですが）。

◆ 謝辞

　本書執筆にあたり，多くの皆さまからのご支援を賜りました。

　共著者である大学入試センターの荘島宏二郎先生には，本書の企画・構成から入稿に至るまで，多くのそして丁寧なアドバイスをいただきました。非常にミスが多かった私の文章を丁寧に修正いただいたほかにも，教育心理学の研究事例を多数紹介いただき，「教育心理学のための」統計学として，とてもふくらみを持たせることができました。

　また，教育測定学，心理計量学という分野での研究を始める最初のきっかけを与えてくださいました東北大学大学院教育学研究科の柴山直先生，現在の研究テーマの中心概念である項目反応理論についてご指導いただいた名古屋大学教育発達科学研究科の野口裕之先生という二人の恩師に恵まれたことで，現在の研究者としての立ち位置を築くことができました。本書のなかにも，お二人の先生からご指導いただいたことがエッセンスとして盛り込まれております。

　横浜国立大学の斉田智里先生，東北大学大学院教育学研究科教育設計評価専攻の大学院生の皆さまにも，本書執筆にあたり貴重なコメントをいただきました。ここにお礼申し上げます。

　最後に，本書執筆にあたりいつも暖かいサポートをしてくれた家族（尚美・隼斗・華）に，「ありがとう」。

2015年8月

第1著者　　熊谷　龍一

目　次

シリーズまえがき……*iii*
まえがき……*v*

第1章　テストをつくり評価する ── 古典的テスト理論　　1

1.1　教育心理学とテスト……1
1.2　テストの定義……2
1.3　テストの作成……2
1.4　データ行列……4
1.5　項目分析……4
　　1.5.1　正答率　*4*　　1.5.2　識別力　*5*　　1.5.3　GP分析　*7*　　1.5.4　項目特性図　*9*
1.6　標準得点と偏差値……9
1.7　テストの精度（信頼性係数）……10
　　1.7.1　再検査法と平行検査法　*12*　　1.7.2　折半法　*13*
　　1.7.3　内的整合性（クロンバックのα係数）　*14*　　1.7.4　信頼性係数の規準　*15*
1.8　まとめ……16
Quiz……17

第2章　適性処遇交互作用 ── 一般線形モデル　　18

2.1　適性処遇交互作用とは……18
2.2　分散分析を用いた適性処遇交互作用の検討……19
　　2.2.1　実験計画　*19*　　2.2.2　一般線形モデルとしての分散分析　*20*
2.3　一般線形モデルとしての回帰分析……24
　　2.3.1　適性要因を量的変数として扱う　*24*　　2.3.2　通常の重回帰分析　*25*
　　2.3.3　交互作用項を導入した重回帰分析　*26*

2.4 まとめ……29
Quiz……30

第3章 読解力に対する学校の影響1 ── マルチレベル分析の基礎　31

3.1 階層の影響……31
    3.1.1 自己価値の随伴性と自己調整学習　31　　3.1.2 階層データの構造　31
3.2 階層データに対する分析……32
    3.2.1 階層データにおける階層の影響　33
3.3 ランダム切片モデル ── マルチレベル分析の基礎1……35
    3.3.1 回帰分析　35　　3.3.2 切片の分解　35　　3.3.3 切片分散の推定　37
    3.3.4 分析例　38
3.4 ランダム傾きモデル ── マルチレベル分析の基礎2……39
    3.4.1 分析例　41
3.5 ランダム係数モデル ── マルチレベル分析の基礎3……42
    3.5.1 分析例　43
3.6 帰無モデルと級内相関係数……44
    3.6.1 帰無モデル　44　　3.6.2 級内相関係数　45
3.7 モデルの比較……46
    3.7.1 モデルの適合度　46
Quiz……48

第4章 読解力に対する学校の影響2 ── マルチレベル分析の応用　49

4.1 独立変数が2つ以上の場合 ── 重回帰モデル……49
4.2 係数に関する回帰モデル ── 切片と傾きを従属変数とするモデル……52
4.3 くり返し測定に対するマルチレベル分析の適用……57
Quiz……59

第5章 1つのテストがいくつの能力を測っているのか ── カテゴリカル因子分析　60

- **5.1** はじめに …… 60
- **5.2** 順序尺度 …… 61
- **5.3** 相関行列と因子分析 …… 61
- **5.4** 因子分析を順序尺度データに適用するときの影響 …… 63
    - 5.4.1 スクリープロット基準　*63*
    - 5.4.2 順序尺度データが相関行列に及ぼす影響　*64*
- **5.5** 2値型データに対する積率相関係数（ファイ係数）…… 65
    - 5.5.1 φ係数の算出方法　*65*　　5.5.2 φ係数の最大値・最小値　*67*
- **5.6** 項目の平均値が因子分析に与える影響 …… 68
    - 5.6.1 相関係数への影響　*68*　　5.6.2 因子負荷量への影響　*69*
- **5.7** テトラコリック相関係数（四分相関係数）…… 69
    - 5.7.1 閾値　*69*　　5.7.2 2変量正規分布　*70*
- **5.8** ポリコリック相関係数（多分相関係数）…… 71
- **5.9** カテゴリ数の影響について …… 72
    - 5.9.1 リッカート尺度を用いた検証　*72*
    - 5.9.2 積率相関行列およびポリコリック相関行列を用いた検証　*73*
    - 5.9.3 因子負荷量による検証　*75*
- **5.10** まとめ …… 76
- **Quiz** …… 77

第6章 正答数によらないテスト ── 現代テスト理論　78

- **6.1** 項目反応理論 …… 78
    - 6.1.1 潜在特性値　*78*　　6.1.2 項目反応曲線　*80*　　6.1.3 項目母数　*80*
    - 6.1.4 分析例　*82*　　6.1.5 テスト情報量とテスト編集　*85*
    - 6.1.6 その他のモデル　*86*　　6.1.7 項目反応理論が前提とする2つの仮定　*87*

6.2　潜在ランク理論……88
　　6.2.1　分析例　90
6.3　まとめ……92
Quiz……93

第7章　テストの得点を比較する——テストの等化　94

7.1　テストを結ぶ……94
7.2　等化を行うための条件——等化計画……95
　　7.2.1　共通項目計画　96　　7.2.2　共通受検者計画　96　　7.2.3　係留テスト計画　96
7.3　等百分位法……97
7.4　項目反応理論を用いた等化法……98
　　7.4.1　尺度の不定性と等化係数　98
　　7.4.2　共通項目計画における等化係数の推定　100
　　7.4.3　共通受検者計画における等化係数の推定　103
　　7.4.4　等化係数を利用しない等化方法　105
7.5　等化における注意点……106
　　7.5.1　等化計画の決定　106　　7.5.2　共通項目・共通受検者の数　107
　　7.5.3　等化の計算手続きの選択　107
7.6　等化の果てに——項目バンクとCBT……107
Quiz……109

第8章　外国語尺度の翻訳版をつくる——特異項目機能　110

8.1　翻訳版尺度における等価性……110
8.2　特異項目機能……111
8.3　日米の大学生の外向性データ……112
8.4　純化の手続き……113
8.5　マンテル-ヘンツェル法……114
　　8.5.1　MH法の計算例　116

8.6 指標KによるDIF検出 —— 項目反応理論を用いた方法 …… 117
  8.6.1 指標Kの算出手続き *117* 8.6.2 計算例 *118*
8.7 DIF項目の解釈 …… 120
  8.7.1 DIFが生じた原因について *120* 8.7.2 DIF項目の取り扱い *120*
8.8 DIF検出の計算手続き上の注意点 …… 120
  8.8.1 複数のDIF検出方法を用いる *120*
  8.8.2 標本サイズが大きいときの注意 *121* 8.8.3 下位集団の設定 *121*
8.9 3値以上，3母集団以上の分析 …… 121
8.10 まとめ …… 123
Quiz …… **124**

付　録

各章のQuizの解答 …… 125

索引 …… *128*

テストをつくり評価する
——古典的テスト理論

1.1 教育心理学とテスト

　教育心理学は，さまざまな教育場面や学校の中で起きる諸問題に対処するための，心理学の一分野です。そして，多くの心理学分野の中でも，非常に幅の広い学問分野です。それを裏づけるように，心理学の関連領域では臨床心理学に次いで研究者の数が多い分野です。教育心理学の射程は，たとえば，どのように授業を工夫すれば教育効果が高いのか，学校の中で不適応を起こしている生徒はどういった心理的な特徴をもっているのか，生徒の学習意欲を高めるためにはどうすればよいのかなど，多岐にわたります。

　ところで，教育心理学研究を行うためには，テストに関する基礎知識が不可欠です。テストについて，どのようなイメージをもっていますか。多くの人たちが「テスト」と言われて思い浮かべるのが，学校で日常的に行われている学力テストではないでしょうか。小学校で担任の先生が作成する10問程度の漢字書き取りテストに始まり，一度に50万人もの人たちが受験する大学入試センター試験まで，多種多様のテストがあります。テストを受けたことがない日本人はいない，といっても過言ではないでしょう。「偏差値」という言葉とともに，しばしば悪者のイメージがつきまとうテストですが，「では明日からすべてのテストを廃止します」となったら，日本の教育現場は大混乱におちいります。それだけ，私たちの教育現場におけるテストの役割は大きいのです。

　先に挙げた偏差値も，多くの人々がその点数に一喜一憂した（している）ことでしょう。ところが，偏差値がどのように算出されて，またどのような性質をもっているのかということに関しては，ほとんどの人々は意識していないようです。もちろん，中身や性質がわからないのであればそれを使ってはいけない，ということはありません。多くの人々は，コンピュータの中身（CPUや記憶装置，入出力装置など）についてわからなくても，それを使って文章を書き，計算を行っています。偏差値やテストの得点も，適切に解釈し，利用する限りは，ふつうその性質までは問題になりません。しかし，これから教育心理学を学ぶ（学んでいる）皆さんにとって，偏差値を含めたテストのさまざまな性質を押さえておくことはとても重要です。

　本書でも，各章でテストを使用したさまざまな事例を取り上げます。教育心理学において，

テストはとても重要な役割をもっているのです。

1.2 テストの定義

さて、前節で述べたように、世の中には学力テスト以外にもさまざまなテストが存在します。「心理テスト」や「知能検査」、「適性検査」など、さまざまな状況でテストは利用されています。

そもそも「テスト」とはどのようなものでしょうか。多くの研究者が所属している、日本テスト学会が策定しているテスト・スタンダードによれば、テストは以下のように定義されています。

> **テストの定義**
>
> （本規準で対象とする）テストとは、能力、学力、性格、行動などの個人や集団の特性を測定するための道具であり、実施方法、採点手続き、結果の利用法などが明確に定められているべきものである。したがって、本規準は心理学的なテスト、学力・知識試験はもとより行動評定、態度評定などの評定手法、調査のほか、構造化された面接、組織的観察記録にも適用されるものである。

ここからもわかるとおり、テストと一口に言っても、測定目的や手法はさまざまです。面接や観察もテストのひとつです。前節で、どのように授業を工夫すれば教育効果が高いのか、学校の中で不適応を起こしている生徒はどういった心理的な特徴をもっているのか、生徒の学習意欲を高めるためにはどうすればよいのかなど、いくつか例を挙げて教育心理学の関心領域を示しました。授業の教育効果は、テストをすることで、その影響度合いを検討することができます。学校不適応を起こしている生徒の心理状態を測定するのも、心理テストです。また、学習意欲を測定するのも心理テストです。その他、知能・適性・性格・発達の進度を測定するのも、すべてテストです。つまり、教育心理学を実践するには、あるいは教育心理学研究を行うには、テストは随所に登場してくる必須のアイテムなのです。したがって、テストに対する理解は不可欠なのです。

本章では、まず手はじめに、通常の「問題や質問項目に受検者が回答（解答）する」テスト状況を念頭に置くことにします。

1.3 テストの作成

実際にテストは、どのようにして作成するのでしょうか。既存のテストがあれば、それを利用すればよいです。たとえば、外向性と協調性の関係について興味をもったとします。そのとき、外向性と協調性は、TIPI-J（小塩ら、2012）で測ることができます。**TIPI-J**は、性格は主

に5つの構成概念で説明できるという**ビッグファイブ**理論に基づいた性格検査であり，外向性も協調性も5つの要素のうちの1つです。

しかし，もし，外向性と「恋愛に消極的かどうか」の関係を調べたいのに，それを測定する質問紙が存在しない場合はどうしたらよいでしょうか。この場合，「恋愛への消極性」を測定するテストを作るところから始めなくてはいけません。

図1-1　標準的なテスト作成の流れ

テストの目的や方法によって作成の仕方も大きく異なりますが，「標準的な」テスト作成の手順を，図1-1に示します。各手順の概要を以下に述べます。

(1) **テストの基本設計の策定**　はじめに，「どのようなテストを作るのか」という，テストの基本設計を決めます。測定するものは何なのか（**構成概念**とも呼びます），どのような形式で行うのか，分量はどれくらいにするのか，テスト時間はどれくらいにするのか，などを決めます。

(2) **問題・質問項目の作成**　テストに含める問題・質問項目（以下，単に項目とします）を，(1)で決めた設計に従い作成します。作成する項目の数は，最終的に行うテストの項目数よりも，多めに作成しておきます。

(3) **予備テスト・予備調査**　項目の性質を調べるための，予備テストを実施します。予備テストに必要な人数は，予算・コストとの兼ね合い，時間的制約などから決めます。

(4) **テストの性質を調べるための分析**　(3)で得られたデータに対してさまざまな分析を行い，項目およびテスト全体の性質を調べます。この分析の結果，項目の修正などを行い，再度予備テストを実施することもあります。

(5) **問題・質問項目の選定**　テストに含める項目を，(4)の結果を参照しながら決定します。

(6) **解釈基準の策定**　テストの得点は，それだけでは解釈できません。「(100点満点のテストで) 60点」と言われても，それが良いのか悪いのかすらわかりません。そこで，テストが測定対象としている母集団を規準としたり，教育目標などから達成基準を決めます。

以上がテスト作成の標準的な流れですが，テストの種類によっては，この流れが大きく異な

ります。小学校の国語の時間に行われる漢字の小テストで，これらの手続きの多くを必要とはしないでしょう。対して，社会的責任の大きい検定試験などは，より厳密で詳細な手続きを踏む必要があります。また，入学試験のような場合は，事前にテスト内容を他人に見せることはできませんから，予備テストを実施できないことがほとんどです。

本章では，主に「(4) テストの性質を調べるための分析」において，どのような統計手法を用いるのかについて，古典的テスト理論[*1]という枠組みに基づいて見ていきます。

1.4　データ行列

テストを実施すると，受検者の回答（解答）が得られます。「受検者の回答」より中立的な表現として，しばしば反応（response）ということがあります。反応データは，問題項目に対して正答反応であれば1を，誤答反応であれば0と数値化します。この2値型データは，受検者数×テストの項目数だけあります。そして，行を受検者，列を項目とする行列の各要素に，2値型データを入れたものを，データ行列（表1-1）と呼びます。表1-1のように，受検者ごとに項目の総和を合計点として計算し，データ行列の最終列（1番右の列）に置くこともあります。

表1-1　データ行列

	項目1	項目2	項目3	項目4	項目5	項目6	項目7	項目8	項目9	項目20	合計点
受検者1	0	1	1	0	0	0	0	0	0	0	7
受検者2	1	0	1	0	0	1	0	0	0	0	8
受検者3	1	1	1	0	1	0	0	1	0	0	12
受検者4	1	0	1	0	0	0	0	1	0	1	6
受検者5	1	0	1	0	0	0	0	0	1	0	10
受検者6	1	1	1	0	0	0	0	0	0	1	8
受検者7	1	1	0	1	1	1	1	1	0	0	15
受検者8	1	0	1	1	1	1	0	0	1	0	14
受検者9	1	1	1	1	1	0	1	1	0	1	17
受検者10	0	1	1	0	1	1	0	0	0	0	7
受検者100	1	1	1	0	1	0	0	0	0	0	9

1.5　項目分析

データ行列を分析して項目の特徴を統計的に把握することを，項目分析と呼びます。ここでは正答率，識別力，GP分析について見ていきます。

1.5.1　正答率

正答率は，ある項目に対して何人が正答できたのかを，比率で表したものです。通過率と呼ぶこともあります。式で表すと以下になります。

[*1]「古典的」という単語の響きから，古くて現在では利用価値がない理論のように思うかもしれません。しかし，「項目反応理論」（第6章参照）などの新しく提唱されたテスト理論に比較して，「古典的」と呼ばれているだけです。現在でもさまざまな場面で用いられている非常に重要な理論です。池田（1994）に詳しい解説があります。

$$\text{正答率} = \frac{\text{正答した人数}}{\text{受検者数}} = \frac{\text{(当該項目の)データの合計}}{\text{受検者数}} = \text{項目平均} \qquad [1\text{-①}]$$

［1-①］の式では，「正答した人数」と「データの合計」は等しいです。なぜなら，このデータは0か1の2値型なので，当該項目のデータを足していくと，正答した人数になるからです。さらに，最後の等号（イコール）ですが，「データの合計」を受検者数（標本サイズ）で割っているので，これは平均です。つまり正答率とは，2値型データの平均値（項目平均）と同じです。同様に，0か1の2値型データは，2乗しても0か1ですから，2値型データの分散は［1-②］式として，正答率を用いて分散を計算することができます（本シリーズ伴走サイト第4巻1章を参照してください）。

$$\text{項目分散} = \text{正答率}(1 - \text{正答率}) \qquad [1\text{-②}]$$

正答率は，全受検者の中で何人正答できたのかの「比率」ですから，正答率の取りうる範囲は［1-③］式のとおりです。

$$0 \leqq \text{正答率} \leqq 1 \qquad [1\text{-③}]$$

正答率は，項目の難しさを示す指標です。通常であれば，正答率が0.1以下の項目は難しすぎであり，0.9以上の項目は簡単すぎるので，最終版のテストには含めません。ただし，テストの目的によって，正答率がいくつ以上（以下）であれば採用するかの規準は異なります。完全習得を目指すテストであれば，正答率が1になる項目を採用することもあります。また，一部の国家資格試験のように，非常に選抜性の高い（ハイ・ステークス）[*2] テストでは，正答率が0.1以下であるような，非常に難しい項目を用いることがあります。

1.5.2 識別力

ふつう，合計得点が高い受検者（テストで測定している能力が高い受検者）ほど，それぞれの項目に正答する確率は高いはずです。逆に合計得点が低い受検者ほど，各項目に正答する確率が低いはずです。つまり，ある英語テストで合計点が高い人ほど，そのテストを構成する単語問題や文法問題に正答する確率が高いはずです。それが通常の項目の正しい状態です。

しかし，合計得点が高い人と低い人で，項目の正答・誤答がまったく無関係であったならば

[*2] テストの結果が，受検者の人生における重要な処遇や進路に関わるようなテスト。

どうでしょうか。たとえば，英語テストの合計点が高い人と低い人で，ある個別の項目に対する正答率が変わらないときです。それは，能力の高さに関係なく，コインを投げて正答・誤答を決めているのと同じで，その項目は英語力を測定していないことになります。

この，合計得点と項目への正答・誤答との関係を，(積率)相関係数で表したものが，項目の**識別力**です。

項目識別力 ＝ 合計得点と項目反応(正答・誤答)との相関係数　　　[1-④]

項目識別力は相関係数ですから，その範囲は－1～1の値をとります。しかし，項目識別力が負の値であるということは，合計得点(テストで測定している能力)が高いほど，その項目に誤答する傾向があるということになるので，そのような項目を最終版のテストには含めません。また，識別力が0に近い項目は，先に述べたように"コイン投げ"をしているのと変わらないので，同じく最終版のテストには含めません。識別力の目安はおおよそ0.2以上です。しかし，正答率の場合と同様にテストの目的により数値基準は異なります。

項目識別力は，**項目テスト間相関（item-total correlation：IT相関）**や，**項目尺度間相関**と呼ぶこともあります。また，項目は2値型であり，合計点は連続量です。統計学では2値型変数と連続変数の相関係数のことを，**点双列相関係数**と呼びます。

項目識別力の計算に用いる合計点には，識別力を計算したい「当該項目」を含んでいます。たとえば，項目2の識別力(項目2と合計点の相関係数)を計算するとき，合計点には項目2の得点を含んでいます。したがって，相関係数を計算したい相手方の変数に自分自身を含んでいるので，項目数が少ないときほど識別力の値が正に大きくなってしまいます。そこで，合計得点から当該項目を引いたものと，当該項目との相関係数を利用することがあります。これを，**項目リメインダ相関（item-remainder correlation：IR相関）**と呼びます。ただし，この計算のためには，合計得点から当該項目の得点を引くという作業をしなければならず，計算が少し煩雑です。

●**数値例**●　教育心理学の用語に関する20項目からなるテストを，400人の大学生に実施したテストデータを想定します。実際のデータ行列の一部を表1-2に示します。最終列(一番右)には合計を算出しています。

表1-2のデータに対して正答率，識別力(IT相関とIR相関)を算出した結果を表1-3に示します。正答率を見ると，項目9や項目10は0.9を超えているので，非常に易しい問題であったことがわかります。対して最も難しかった項目でも項目12の0.37ですから，テスト全体としてもやや易しめだったといえます。合計点の平均を算出すると，13.7点とおよそ7割(20点満点)であったことからも，それがわかります。

識別力を見ると，たとえば項目1のIT相関は，「項目1」と「合計得点」の相関係数(0.47)

表1-2　教育心理学テストのデータ行列

受検者番号	1	2	3	4	5	6	7	8	9	10	11	12	13	14	15	16	17	18	19	20	合計
1	0	1	1	0	1	0	1	0	0	1	1	1	1	1	0	0	0	1	0	1	11
2	0	1	1	1	0	1	0	0	1	1	1	1	1	1	1	1	1	0	1	15	
3	1	1	0	1	1	1	1	0	1	1	1	1	0	1	1	1	1	1	1	1	17
4	1	1	0	1	1	0	1	0	1	1	1	1	1	1	1	1	1	1	1	17	
5	0	1	1	0	0	0	1	0	1	1	0	1	0	0	1	1	1	1	1	12	
6	1	1	0	1	0	1	0	0	1	1	1	0	1	1	1	1	1	1	1	15	
399	1	1	1	1	1	1	0	1	1	0	1	1	1	1	1	1	1	1	18		
400	1	1	1	1	0	1	1	1	1	0	0	1	0	1	1	1	1	0	1	15	

であり，IR相関は「項目1」と「合計得点－項目1」の相関係数です（0.36）。項目12は負の値になっていますから，この項目は今回測定している力（教育心理学の用語に関する知識）をまったく反映していないといえます。また，項目8もIT相関が0.0ですから同様です。IT相関とIR相関を比較すると，後者がおよそ0.1程度低くなっていることがわかります。テストの項目数が多くなると両者の差は小さくなりますが，項目数が少なくなると，差はもっと大きくなります。

1.5.3　GP分析

GP（Good-Poor）分析は，**多枝選択項目**（いくつかの選択枝から，正答選択枝を選ぶ形式）に対して，選択枝の選択状況を分析する方法です。使用するデータは，実際に受検者が選択した選択枝データです。表1-4（表1-4を採点した結果が表1-2です）は，各項目がA〜Eの5枝選択問題のデータです。無回答は「－」で示してあり，表1-2の採点データでは誤答として処理しています。

GP分析では，はじめに，合計点が高い順にできるだけ均等に受検者を群分けします（たとえば，上位群，中位群，下位群）。そして，群と項目の選択枝でクロス集計表を作成します。表1-5と表1-6に，教育心理学テストデータの項目1と項目12について，上・中・下位群ごとに，どの選択枝を選んだかに関するクロス集計表を示します。400名の受検者を合計点の高い順に，

表1-3　教育心理学テストデータの正答率と識別力

項目	正答率	識別力 (IT相関)	識別力 (IR相関)
1	0.66	0.47	0.36
2	0.76	0.51	0.42
3	0.75	0.45	0.35
4	0.44	0.44	0.33
5	0.58	0.54	0.43
6	0.54	0.52	0.41
7	0.69	0.61	0.53
8	0.46	0.00	−0.13
9	0.91	0.46	0.39
10	0.95	0.34	0.28
11	0.88	0.48	0.41
12	0.37	−0.14	−0.26
13	0.65	0.56	0.46
14	0.55	0.51	0.40
15	0.79	0.49	0.40
16	0.79	0.57	0.49
17	0.78	0.51	0.42
18	0.85	0.39	0.30
19	0.54	0.54	0.44
20	0.74	0.53	0.44

表1-4　選択枝データ例

受検者番号	1	2	3	4	5	6
1	A	B	D	A	B	E
2	C	B	D	E	C	A
3	B	B	－	E	B	A
4	B	B	E	E	B	E
5	－	B	D	A	－	C

表 1-5 上・中・下位群と選択枝のクロス表

① 項目 1

	選択枝						合計
	A	B *	C	D	E	欠測	
上位群	3 (0.02)	133 (0.90)	2 (0.01)	1 (0.01)	9 (0.06)	0 (0.00)	148
中位群	7 (0.06)	79 (0.66)	8 (0.07)	5 (0.04)	18 (0.15)	3 (0.03)	120
下位群	15 (0.11)	50 (0.38)	20 (0.15)	13 (0.10)	22 (0.17)	12 (0.09)	132
合計	25 (0.06)	262 (0.66)	30 (0.08)	19 (0.05)	49 (0.12)	15 (0.04)	400

※ カッコ内は行百分率（行方向に足すと100％になる）

② 項目 12

	選択枝						合計
	A	B	C	D *	E	欠測	
上位群	0 (0.00)	0 (0.00)	18 (0.12)	46 (0.31)	81 (0.55)	3 (0.02)	148
中位群	3 (0.03)	2 (0.02)	10 (0.08)	39 (0.33)	61 (0.51)	5 (0.04)	120
下位群	4 (0.03)	1 (0.01)	15 (0.11)	64 (0.48)	42 (0.32)	6 (0.05)	132
合計	7 (0.02)	3 (0.01)	43 (0.11)	149 (0.37)	184 (0.46)	14 (0.04)	400

※ カッコ内は行百分率（行方向に足すと100％になる）

16点以上を上位群，15〜13点を中位群，12点以下を下位群に分けました。それぞれ，148，120，132名ずつ振り分けています。人数がぴったり3等分になっていないのは，分割点の前後で同じ点数を取る受検者が複数いるためです。項目1の正答選択枝は「B」で，項目12の正答選択枝は「D」です（それぞれ＊をつけています）。このクロス集計表から，項目選択枝の選択状況を検討するのがGP分析です。

表1-5①を見ると，項目1の正答選択枝であるBは，下位群から上位群になるにつれて度数が多くなっていることがわかります。つまり，合計得点が高い集団ほど，正答選択枝を選ぶことができているということです。このことは，識別力が.47（表1-3を参照）であることと大きく関係しています。逆に，そのほかの選択枝は，下位群から上位群になるにつれて度数が少なくなっています。また下位群ほど選択枝の度数の偏りが少ない（特定の選択枝に度数が集中していない）ことがわかります。

それに対して，表1-5②の項目12における正答選択枝Dは，上位群よりも下位群のほうが度数が大きくなっており，能力が低い（合計点が小さい）ほうが正答選択枝を選んでしまっていることがわかります。このことは，表1-3で見たように，識別力が負であることからもわかります。また誤答選択枝であるEについて見ると，上位群の選択率が55％と高くなっています。つまり，この項目は，能力が高い受検者ほど選択しやすいような誤解を含んだ選択枝だった可

能性があります（俗にいう"引っかけ問題"）。さらに，誤答選択枝のAやBについては，どの群であってもほとんど選択されておらず，存在感のない選択枝となっています。つまり，項目12は5枝選択問題ですが，事実上，3枝選択問題として機能しているということです。

1.5.4 項目特性図

もし，受検者数がある程度多い場合は，項目の特徴をとらえるうえで**項目特性図**が有効です。まず，受検者を5群程度に分けます。そして，群を横軸において，群ごとにA〜Eの各選択枝の選択率をプロットしたグラフを描きます。図1-2は，受検者を5群に分けたときの項目1の項目特性図です。図では，群5が最も合計得点が高い集団であり，群1が最も合計得点が低い集団です。

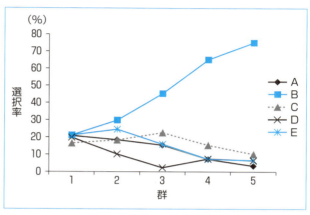

図1-2　項目1の項目特性図

項目特性図では，一般に，正答選択枝のプロットが右肩上がりになっていることが好ましいです。学力が高い集団ほど，正答選択枝の正答率が高いことを示しているからです。

1.6　標準得点と偏差値

本節以降では，テスト全体に対する分析について見ていきます。

まず，「テスト得点」についてです。テスト得点は，それだけではほとんど情報をもちません。満点が100点のテストで「60点」だったとして，はたしてその点数が良かったのか悪かったのかは，「60」という数値だけから判断できません。非常に難しいテストでの60点は立派なものですが，簡単なテストで60点はたいしたことはないでしょう。

このようなとき，平均値を利用することで，テストを受検した集団の中心より高い位置にいるのかそうでないのかを，評価することができます。たとえば，平均値が50点のテストにおいて，60点は（受検者集団の中心より）高い得点です。しかし，平均値が70点のテストにおける60点は，低いと評価できます。

しかし，この平均値による評価だけでは，「どのくらい良かった（悪かった）のか」について知ることはできません。テスト得点を評価するためには，平均値だけではなく，標準偏差（分布の散らばり）も考慮する必要があります。これは**標準化**を行うことで解決できます。テスト得点を標準化したものを，**標準得点**（あるいはz得点）と呼びます（標準化や標準得点については第1巻3章で詳しく解説しています）。

$$標準得点 = \frac{テスト得点 - 平均}{標準偏差} \quad [1\text{-}⑤]$$

　標準化された得点は，平均が0，標準偏差が1になります。したがって，平均よりも低いテスト得点をとった受検者の標準得点は，負の値になります。能力を表す数値にマイナスの値が出てくると誤解を招くこともあるので，標準得点を10倍して50を足すことで，（できるだけ）負の値が出ないように調整した値を偏差値と呼びます。この変換により，偏差値は平均が50，標準偏差が10となります。

$$偏差値 = 標準得点 \times 10 + 50 \quad [1\text{-}⑥]$$

　たとえば，平均が52，標準偏差が16のテストで，60点をとったAさんと32点をとったBさんの標準得点は，それぞれ以下となります。

$$Aさんの標準得点 = \frac{60 - 52}{16} = 0.50$$

$$Bさんの標準得点 = \frac{32 - 52}{16} = -1.25$$

また，AさんとBさんの偏差値は，それぞれ以下となります。

$$Aさんの偏差値 = 0.50 \times 10 + 50 = 55.0$$
$$Bさんの偏差値 = -1.25 \times 10 + 50 = 37.5$$

　皆さんも経験的に偏差値の平均が50で，50以上であると平均以上の学力，50以下であると平均以下の学力であることを知っていると思います。また，偏差値60（あるいは40）を1つの目安にするということは，じつは，標準得点で1.0以上（あるいは-1.0以下）であるかどうかを基準にしていたのです。

1.7 テストの精度（信頼性係数）

　テストは，学力や能力などの「測定道具」にほかなりません。テストに限らず現実の測定場面においては，必ず測定の精度や誤差について考慮する必要があります。たとえば，体温計の取扱説明書には，「測定精度±0.1℃」などのような表記があります。つまり，測定結果が「真

の体温」から±0.1℃程度の誤差があるということです。

　もちろん，テストにおいても，測定の精度について考慮しなくてはいけません。ただし，温度や長さ，重さなどの物理量の測定とは異なり，テストで測定しようとするものは人間の能力や特性など，直接目で見ることも触ることもできないものです。しかし，直接観測可能ではないとはいえ，測定の精度を議論することはとても重要です。そのために，古典的テスト理論では次のようなモデルを用いて，測定精度の問題を考えます。

$$\text{テスト得点} = \text{真の得点} + \text{誤差} \qquad [1\text{-}⑦]$$

　このモデルでは，私たちが直接手にすることができる「テスト得点」を，「真の得点」と「誤差」に分解しています。たとえば，Aさんがあるテストで73点をとったとします。しかし，Aさんの真の実力はじつは78点で，体調不良が原因で誤差が－5点混入して，結果73点だったのかもしれません。[1-⑦]式はそのような考え方を表現しています。ただし，「真の得点」も「誤差」も，直接手にすることができない「未知」の数値です。Aさんの真の実力がじつは78点であるかとか，誤差が－5点だとか，具体的な数値の大きさは不明です。

　ここで，テスト得点の分散について考えてみると，以下になります。

$$\begin{aligned}
&\text{テスト得点の分散} \\
&= (\text{真の得点} + \text{誤差})\text{の分散} \qquad\qquad [1\text{-}⑧] \\
&= \text{真の得点の分散} + \text{誤差の分散} + 2 \times (\text{真の得点と誤差の共分散})
\end{aligned}$$

　しかし，古典的テスト理論では，「真の得点」と「誤差」の共分散（したがって相関係数も）を，0として考えます。言い換えると，真の得点が高い人ほど誤差が大きい，もしくは小さいといった関係はない，ということです。したがって，[1-⑧]式は以下となります。

$$\text{テスト得点の分散} = \text{真の得点の分散} + \text{誤差の分散} \qquad [1\text{-}⑨]$$

　そして，[1-⑨]式のそれぞれの分散を利用した以下の[1-⑩]式を信頼性係数といいます。

$$\text{信頼性係数} = \frac{\text{真の得点の分散}}{\text{テスト得点の分散}} = \frac{\text{真の得点の分散}}{\text{真の得点の分散} + \text{誤差の分散}} \qquad [1\text{-}⑩]$$

　信頼性係数は[1-⑨][1-⑩]式からわかるとおり，テスト得点の分散に対する真の得点の分散の割合です。信頼性係数は，誤差の分散が小さくなるほど分子と分母が同じ値になるので，1に近づきます。逆に，誤差の分散が大きくなるほど分母が大きくなるので，0に近づきます

（図1-3）。

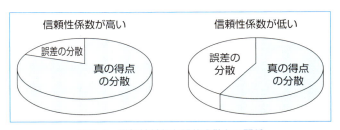

図1-3 信頼性係数と誤差分散との関係

なお，誤差は期待値（平均）を0と仮定します。もし，誤差の期待値が+1だったら，真の得点に平均的に+1を加算するという，系統的な影響を与えていることになります（このような誤差を**系統誤差**と呼びます）。古典的テスト理論では，誤差はプラスにもマイナスにも同程度になりうると考え，その期待値を0とするのです。そして，誤差の分散が小さいということは，測定のくり返しのたびに混入する誤差がいつも0に近い値になるので，信頼性係数が1に近いほど，テストの精度が高いことを示すことになります。

くり返しになりますが，［1-⑨］［1-⑩］式における「真の得点」や「誤差」は，未知です。私たちの手元には，各受検者のテスト得点のデータしかありません。したがって，真の得点の分散や誤差の分散も未知ですから，信頼性係数を直接求めることはできません。

では次に，信頼性係数を推定する方法について紹介します。

1.7.1 再検査法と平行検査法

テストを同じ受検者集団に，くり返し2回実施します。**再検査法**（あるいは**再テスト法**）では，そのようにして得られた2つのテスト得点の相関係数を，信頼性係数の推定値とします（図1-4）。

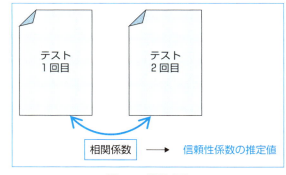

図1-4 再検査法

再検査法では，同じ人たちにテストをくり返し実施します。テストを実施する間隔は，テストで測定する能力や特性が変化していないことが条件です。ところが，同じテストをくり返し実施するので，学力テストのような場合には，答えを暗記するなどにより，実施が困難なことがあります。

そこで，信頼性係数を推定したいテスト（テストA）の，**平行テスト**（問題項目は異なるが，測定目的，難しさ，項目数，テスト時間などが等しいテスト）を作成します。これを「テストB」とします。**平行検査法**（あるいは**平行テスト法**）は，「テストA」と「テストB」を同一受検者集団に実施し，2つのテスト得点の相関係数を，信頼性係数の推定値とする方法です。

再検査法および平行検査法では，2回のテストが**強平行測定**[*3]になっていて，受検者数が十分に多い場合に，2つのテスト得点の相関係数の推定値が，求めるべき真の信頼性係数に一

致します。

1.7.2 折半法

　再検査法，平行検査法ともに，テストを（受検者の能力等が変化しないうちに）2回実施する必要があります。しかし，現実場面では，2回もテストを実施することが困難な場合があります。そこで，1つのテストをできるだけ平行テストになるように2つのテストに折半して，2つの部分テストの得点を利用して信頼性係数を推定する方法が，**折半法**（図1-5）です。折半法では，**スピアマン・ブラウンの公式**か**ルーロンの公式**のどちらかの方法を用いて，信頼性係数を推定します。

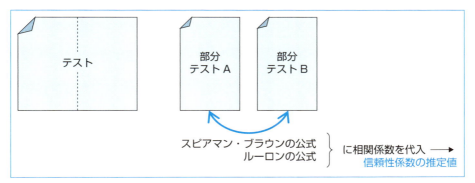

図1-5　折半法

●**スピアマン・ブラウンの公式を利用する方法**●　この方法は，部分テストAと部分テストBの相関係数を，[1-⑪]式のスピアマン・ブラウンの公式に代入して，信頼性係数の推定値とします。

$$\text{スピアマン・ブラウンの公式：信頼性係数} = \frac{2 \times \text{相関係数}}{1 + \text{相関係数}} \qquad [1\text{-}⑪]$$

　再テスト法や平行テスト法と異なり，相関係数をそのまま用いずにスピアマン・ブラウンの公式を利用するのは，部分テストAとBが元のテストの半分の長さになっているので，その補正を行うためです。2つの部分テストが強平行測定になっているとき，この方法で得られた推定値は，真の信頼性係数に一致します。

●**ルーロンの公式を利用する方法**●　この方法ではまず，各受検者について，2つの部分テス

---

*3　2つのテストが，以下の2つの条件を満たしているとき，2つのテストは**強平行測定**になっているといいます。
　　①すべての受検者において，真の得点が2つのテストで等しい。
　　②2つのテストの誤差分散が等しい。

トの得点の差（部分テストA－部分テストB）を求めます。そして，その差得点の分散と，元のテスト得点の分散を［1-⑫］式に代入して，得られる数値を信頼性係数の推定値とする方法です。

$$\text{ルーロンの公式：信頼性係数} = 1 - \frac{\text{差得点の分散}}{\text{元のテスト得点の分散}} \qquad [1\text{-}⑫]$$

また，［1-⑫］式は，部分テストAとBの得点の共分散を用いた［1-⑬］式とも等しくなります。

$$\text{信頼性係数} = 4 \times \frac{\text{部分テストA得点と部分テストB得点の共分散}}{\text{元のテスト得点の分散}} \qquad [1\text{-}⑬]$$

ルーロンの公式を用いる方法では，2つの部分テストが弱平行測定[*4]の場合においても，真の信頼性係数に一致します。

1.7.3　内的整合性（クロンバックのα係数）

折半法では，1つのテストを（できるだけ平行テストになるように）2つに折半しますが，折半の仕方は何通りもあります。つまり，折半の仕方によって，折半法で得られる信頼性係数の推定値は異なります。

そこで，すべての折半どおりで得られる信頼性係数の平均をもって信頼性係数の推定値とするのが，内的整合性による方法です。ただし，すべての折半の組み合わせは，膨大な計算量になります。たとえば，20項目からなるテストの折半の仕方は92,378（＝$_{20}C_{10}/2$）通りにもなります。

そこで，通常は，弱平行測定を仮定して計算を簡便にした，クロンバックのα（アルファ）係数を利用します。

$$\alpha = \frac{\text{項目数}}{\text{項目数} - 1}\left(1 - \frac{\text{項目分散の総和}}{\text{テスト得点の分散}}\right) \qquad [1\text{-}⑭]$$

［1-⑭］式の「項目数」は，元のテストの項目数です。

このα係数については，「真の信頼性係数≧α」であることが知られています。つまり，私たちが直接知ることはできない真の信頼性係数は，少なくともα係数よりは大きいということです。

[*4]　2つのテストを受けたすべての受検者において，真の得点の差が等しいとき，2つのテストは弱平行測定になっているといいます。これは強平行測定の仮定をゆるめたものです。

このクロンバックのα係数は，現在，教育心理学における研究で最も頻繁に用いられている指標の一つです。

1.7.4　信頼性係数の規準

信頼性係数がどの程度あれば，十分に精度のあるテストといえるのかについては，テストの目的や受検者の特性などにより異なります。したがって，一律に基準を設けることはできません。ただし，大まかな目安は，受検者の処遇に関わるなどの重要な決定をするテストにおいては.90以上，学力などの能力を測定するテストでは.80以上，心理尺度のような心理特性などを測定するテストでは.70以上です。また，.60に満たないときは，テストの精度が不十分であると見なすことが多いです。

●数値例●　1.5節で用いた教育心理学テストのデータにおいて，クロンバックのα係数を求めます。なお，項目分析の結果から，識別力が低かった項目8と12は計算から除外します。

α係数の算出にはまず項目分散が必要ですが，［1-②］式で示したとおり，「項目分散＝項目正答率×（1－項目正答率）」で求めることができます。表1-2の項目正答率を利用して各項目の分散を求め，すべての項目の分散の総和を計算すると，3.34となります。また，全18項目のテスト得点（合計点）の分散を求めると，15.18になりました。したがって，それらを［1-⑭］式に代入すると以下となり，十分な信頼性があるといえます。

$$\alpha = \frac{18}{18-1}\left(1 - \frac{3.34}{15.18}\right) = .83$$

質問コーナー

信頼性の指標として「ω（オメガ）係数」というものを目にしました。これはクロンバックのα係数とどのように違うのですか？

クロンバックのα係数は，弱平行測定を前提としています。弱平行測定は，因子数を1とした因子分析を実行したときに，すべての項目の因子負荷量が等しい，と表現することもできます。項目ごとの因子負荷量の大きさが異なるときに，それを反映させた指標がω係数となります。一般的に，ω係数はα係数よりも大きな値になります。

現実のテスト場面では，予備調査の分析などにより，項目識別力が低い項目を削除・修正したりしますので，α係数とω係数の値が似たような数値になることも多いです。ω係数については，第6巻4章や，植野・荘島（2010）なども参照してください。

1.8 まとめ

　多くの研究者のおかげで，現在，学力テストに限らず，さまざまな心理テスト・知能検査・発達検査が開発されています。これらのテストを使ってデータをとったとき，各項目の特徴やテスト全体の信頼性を評価する必要があります。

　また，既存のテストにはない概念を測定したいときは，新たにテストを作る必要があります。そのとき，図1-1のガイドラインに即して，テスト開発を行わなくてはいけません。また，しっかり構成概念を測ることのできる項目を作らなくてはいけません。そういった，テストの妥当性に関する議論は，第6巻4章で詳しく解説しています。

　さらに，自分の作ったテストがいかに信頼性が高いかを，証拠として示す必要があります。そのとき，本章で解説した項目分析を行って項目を選抜し，信頼性係数を計算してテストの精度を報告してください。

【文献】
池田　央（1994）．現代テスト理論．朝倉書店
日本テスト学会編（2007）．テスト・スタンダード――日本のテストの将来に向けて．金子書房
小塩真司・阿部晋吾・Pino Cutrone（2012）．日本語版Ten Item Personality Inventory（TIPI-J）作成の試み．パーソナリティ研究，21，40-52．
植野真臣・荘島宏二郎（2010）．学習評価の新潮流．朝倉書店

問1：表1のテストデータに対して，①〜⑥を算出してください。

表1　テストデータ

受検者	\\ 項目 1	2	3	4	5	6	7	8	9	10	11	12	13	14	15
1	0	0	1	0	1	1	0	0	1	0	1	1	0	1	0
2	0	1	1	1	1	0	1	1	1	1	1	0	1	1	1
3	1	1	1	0	0	0	0	1	1	1	1	0	1	1	0
4	1	1	1	1	0	0	1	1	1	1	1	0	1	1	1
5	0	0	1	1	0	1	0	1	1	1	1	0	1	1	1
6	1	1	1	1	1	1	1	1	1	1	0	1	1	1	0
7	0	0	1	0	0	0	0	0	1	0	0	0	0	0	0
8	1	1	1	1	0	0	0	1	1	1	1	0	1	1	0
9	0	0	0	0	0	0	0	1	1	0	0	1	0	0	0
10	0	0	0	0	0	0	0	0	1	0	0	0	0	0	0
11	1	0	1	0	0	0	0	1	1	0	1	0	0	0	1
12	0	0	1	1	0	0	1	0	1	0	1	0	0	1	0
13	1	0	1	0	0	0	0	1	1	0	0	0	0	1	0
14	1	1	1	1	0	0	1	1	1	1	1	0	1	1	1
15	0	0	1	0	0	1	0	1	0	0	0	0	0	1	0
16	0	0	0	0	0	1	0	0	0	0	1	1	0	0	0
17	0	0	1	1	0	0	0	1	1	0	0	0	1	0	1
18	0	1	1	0	0	0	0	1	1	1	1	0	0	1	1
19	0	0	1	0	0	0	0	0	1	0	0	0	0	0	0
20	0	0	1	0	0	0	0	0	1	1	1	0	0	0	0

① 各受検者の合計得点

② 各受検者の偏差値

③ 各項目の正答率

④ 各項目の分散

⑤ 各項目の識別力（IT相関）

⑥ クロンバックのα係数

第2章 適性処遇交互作用 ── 一般線形モデル

2.1 適性処遇交互作用とは

　現代の教育心理学では、「コミュニカティブな授業（対話に基づく授業）は英語力の向上に有効だ」とか、「ディスカッションは公民の授業で有効だ」といった、単純な事柄を検討することはあまりしません。そうではなく、「どういうタイプの生徒に、どういった内容の授業を行うと、学力が向上する」というような研究を必要としています。

　「どういったタイプ」に相当する部分を適性（aptitude）といい、「どういった内容」に相当する部分を処遇（treatment）といいます。つまり、どういった適性をもつ生徒に、どのような処遇を行えば、学力が向上するのか、を問題としています。もちろん、興味の対象が学力の向上だけではなく、「どれくらいテスト不安[*5]が下がるのか」とか、「どれくらい内発的動機づけ[*6]が上がるのか」ということを、従属変数として研究することもあります。

　図2-1は、内向的な学習者と外向的な学習者のそれぞれに、協同学習[*7]（杉江、2004）と従来の講義形式の学習を行ったときの成績向上点のグラフです。協同学習とは、クラスの中で少人数のグループを作り、お互い助け合いながら課題をこなしていく、近年注目されている授業形態です。また、成績向上点は、学習の前後で2回テスト[*8]を行ったときのテスト得点の差です。図2-1から、内向的な学生は講義による学習を行ったほうが成績が向上し、外向的な学生は協同学習のほうが効果的であることが読み取れます。

　このように、学習者の適性（内向性−外向性といった性格特性など、さまざまな個人の特徴）により、最適な処遇（学習形式や教材など）が異なることを、適性処遇交互作用（aptitude treatment interaction：ATI）と呼びます。

　ところで、昨今の教育現場では、コンピュータや電子黒板、タブレットなど、さまざまな教

---

*5　テストで評価されることに対する不安のこと。テスト不安が高いと、テストの結果に悪い影響が出ます。
*6　自分の興味や好奇心による行動に対する動機づけのこと。それに対して、先生に褒められるから勉強する、親に怒られるから練習するといった理由でその行動を起こすのは、外発的動機づけといいます。
*7　「共同」ではなく「協同」であることに注意してください。
*8　同一のテストを2回実施することは通常しません。相互に比較可能な平行テスト（第1章参照）を用いるか、2つのテストが「等化」（第7章参照）されている必要があります。

具の開発が進んでいます。また，協同学習，少人数学級，補助教員の導入など，学習形態も多様化しています。この多様な学習形態において，学習者それぞれに合わせて最適な方法の検討を行うという適性処遇交互作用の考えは，今後の教育心理学において，ますますその重要性を増していくものです。本章では，この適性処遇交互作用の分析例について，見ていくことにします。

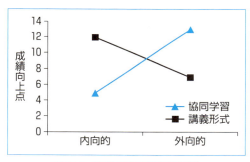

図 2-1　適性処遇交互作用の例

　適性処遇交互作用を分析するための有効な手法は，**一般線形モデル（general linear model）**です。といっても，とくに新しい手法ではありません。一般線形モデルとは，さしあたって t 検定と分散分析（本シリーズ第2巻を参照）や，回帰分析と共分散分析（第3巻を参照）の総称という理解でよいです（図 2-2）。

図 2-2　一般線形モデルの概略

　2.2 節では，一般線形モデルのうち，分散分析を用いた適性処遇交互作用の分析方法を見ます。続いて 2.3 節では，同じく一般線形モデルのうち，回帰分析を用いた分析方法を見ていきます。

2.2　分散分析を用いた適性処遇交互作用の検討

2.2.1　実験計画

　それでは，実際に適性処遇交互作用の分析をしていきます。はじめに，次のような実験計画を考えます。研究目的は，「大学生において，スマートフォンやタブレットの利用時間と教授形態（講義とeラーニング）における，適性処遇交互作用を検討する」です[*9]。ここでは，「スマートフォンやタブレットの利用時間」が適性になり，「教授形態」が処遇になります。この目的を達成するために，次頁のような実験を行います。

[*9] 辻（2013）では，タブレットを活用した教育において，どのような要因が教育効果の向上に影響を与えているかを検討しています。

> **実験の概要**
>
> （1） 研究対象となる大学生の中から，「スマートフォンやタブレットの1日の利用時間」が30分未満（短時間群），および2時間以上（長時間群）の学生を，それぞれ8名ずつ無作為抽出する。
> （2） 16名全員に対して，ある学習内容に関する事前テストを実施する。
> （3） 各群をそれぞれ4名ずつにさらに分割し，短時間群，長時間群のそれぞれ4名には講義での学習，両群の別の4名にはコンピュータによるeラーニングでの学習を行う。
> （4） 全員に対して，事前テストと平行テストになっている事後テストを実施し，「事後テスト－事前テスト」を「成績向上点」とする。

この実験の結果得られた16名の成績向上点，および群ごとの平均と標準偏差を，表2-1に示します。

図2-3は，群ごとの平均点をプロットしたものです。表2-1および図2-3から，「スマートフォンやタブレットの利用時間」が長い群において，eラーニングによる教授効果が高いことが見てとれます。この効果が統計的に有意であるかどうかを検討するために，ここでは分散分析を用います。「スマートフォンやタブレットの利用時間（短い・長いの2水準）」という適性に関する実験参加者間要因と，「教授形態（講義・eラーニングの2水準）」という処遇に関する実験参加者間要因がある状態ですから，「実験参加者間2要因（2×2）計画の分散分析」を用いることになります。従属変数は成績向上点です。

表2-1　16名の成績向上点

	講義		eラーニング	
	短時間	長時間	短時間	長時間
	8	9	6	17
	9	4	9	9
	10	7	8	14
	9	11	5	13
標本サイズ	4	4	4	4
平均	9.00	7.75	7.00	13.25
標準偏差	0.71	2.59	1.58	2.86

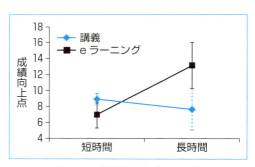

図2-3　成績向上点プロット図

2.2.2　一般線形モデルとしての分散分析

じつは分散分析は，ダミー変数を用いた回帰分析です。したがって，分散分析と回帰分析は，ずいぶんと近い統計手法なのです。分散分析については第2巻に詳しい解説があるので，ここでは一般線形モデルとしての分散分析を学習しましょう。

●**ダミー変数**● ダミー変数とは，便宜的に数値を割り振った変数のことです。ここでは，表2-1のデータを，図2-4のように整理します。処遇要因の講義を0，eラーニングを1にしています。また，適性要因の短時間を0，長時間を1にしています。

適性	処遇	成績向上点
短時間	講義	8
短時間	講義	9
短時間	講義	10
短時間	講義	9
長時間	講義	9
長時間	講義	4
長時間	講義	7
長時間	講義	11
短時間	eラーニング	6
短時間	eラーニング	9
短時間	eラーニング	8
短時間	eラーニング	5
長時間	eラーニング	17
長時間	eラーニング	9
長時間	eラーニング	14
長時間	eラーニング	13

→ ダミー変数 →

適性	処遇	成績向上点
0	0	8
0	0	9
0	0	10
0	0	9
1	0	9
1	0	4
1	0	7
1	0	11
0	1	6
0	1	9
0	1	8
0	1	5
1	1	17
1	1	9
1	1	14
1	1	13

図2-4 データの整理

●**回帰式**● 分散分析とは，ダミー変数を用いた回帰分析です。回帰式は，［2-①］式のとおりです。

$$\text{成績向上点} = \text{切片} + \text{適性係数} \times \boxed{\text{適性}} + \text{処遇係数} \times \boxed{\text{処遇}} + \text{交互作用係数} \times \boxed{\text{適性}} \times \boxed{\text{処遇}} + \text{誤差} \quad [2\text{-}①]$$

ここで，「適性係数」は適性要因が成績向上点に与える影響（偏回帰係数），「処遇係数」は処遇要因が成績向上点に与える影響，「交互作用係数」は適性処遇交互作用が成績向上点に与える影響です。

表2-2 ダミー変数を用いた回帰式（分散分析）

回帰式	適性＝0（短時間）	適性＝1（長時間）
処遇＝0（講義）	成績向上点＝切片	成績向上点＝切片＋適性係数
処遇＝1（eラーニング）	成績向上点＝切片＋処遇係数	成績向上点＝切片＋適性係数＋処遇係数＋交互作用係数

この回帰式にいろいろな値を代入したのが，表2-2です。たとえば，左上のセルは，処遇要因＝講義で，適性要因＝短時間のときの回帰式です。講義と短時間のダミー変数の値はともに0なので，対応する項を削除して切片だけが残っています。なお，誤差の期待値（平均）も0な

ので，誤差も削除しています。誤差の期待値を0とするのは妥当です（1.7節参照）。このことから，切片の意味は，処遇要因が講義で，適性要因が短時間であるときの，成績向上点の平均値であると解釈できます。

また，今度は左下のセルを見てみましょう。処遇要因＝eラーニングのダミー変数の値は1なので，処遇 に1を代入して，処遇係数が残っています。つまり，処遇係数とは，適性＝短時間のまま，処遇要因を講義からeラーニングにしたときの，成績向上点の変化量と解釈できます。同様に右上のセルから，適性係数は処遇＝講義のまま，適性要因を短時間から長時間にしたとき成績向上点の変化量と解釈できます。

最後に，右下のセルを見てみましょう。それぞれの要因のダミー変数の値が1なので，適性×処遇 ＝1×1＝1となり，交互作用係数も残っています。したがって，交互作用係数とは，処遇要因を講義からeラーニングにする単独の効果，適性要因を短時間から長時間にする単独の効果では説明できない，成績向上点に対するeラーニング×長時間の絡みの効果と解釈できます。

● 母数の推定値 ● 分散分析を一般線形モデルとして認識すると，より母数（切片・適性係数・処遇係数・交互作用係数）の推定値を意識することができます。表2-3に母数の推定値を示します。表の結果を受けて，［2-①］式の回帰式は，以下であることがわかりました。

$$成績向上点 = 9.0 - 1.25 \times 適性 - 2.0 \times 処遇 + 7.5 \times 適性 \times 処遇 + 誤差$$

表2-3　母数の推定値（分散分析）

母数	推定値	標準誤差	t値	p値	95％信頼区間 下限	上限
切片	9.000	1.220	7.374	.000	6.341	11.659
適性係数	−1.250	1.726	−0.724	.483	−5.011	2.511
処遇係数	−2.000	1.726	−1.159	.269	−5.761	1.761
交互作用係数	7.500	2.441	3.073	.010	2.182	12.818

切片より，スマートフォンやタブレットの利用時間が短い実験参加者に講義を行ったときの，成績向上点の平均値は9点です。そして，処遇が講義のとき，適性が短時間から長時間になると，成績向上点は1.25点下がります。また，適性が短時間の参加者に対して，処遇を講義からeラーニングにすると，成績向上点は2点下がります。ただし，適性係数と処遇係数は有意ではありませんでした。

一方，交互作用係数より，スマートフォンやタブレットを長時間利用する参加者に対してeラーニング形式の授業を行うと，成績向上点が7.5点上がります。値は5％水準で有意でした。したがって，携帯端末に馴れている学生に対して，eラーニングは効果がある学習形態といえそうです。

●**分散分析表**● 一般線形モデルとして分析しても，通常の分散分析の出力である分散分析表（表2-4）も，結果の一部として報告します。分散分析表より，適性処遇交互作用の結果は有意でした。しかし，p値だけで効果の有意性を判断してはいけません。第3巻で解説したように，標本サイズが大きくなると効果は有意になりやすいからです。そのため，効果量（詳しくは第3巻を参照）を見ることが必要です。

表2-4 分散分析表（分散分析）

要因	平方和	自由度	平均平方	F値	p値	偏η^2
切片	1369.000	1	1369.000	229.762	.000	.950
適性	25.000	1	25.000	4.196	.063	.259
処遇	12.250	1	12.250	2.056	.177	.146
適性×処遇	56.250	1	56.250	9.441	.010	.440
誤差	71.500	12	5.958			
全体	1534.000	16				

分散分析における効果量である偏η^2（へんイータ2乗）も，0.44と大きい値でした。偏η^2は，0.01のとき小さい効果量，0.06のとき中程度の効果量，0.14のとき大きい効果量とする目安があります。ただし，いつもこの基準を用いることが妥当とは限りません。薬効と心理療法の効果を同じ基準で判断できないように，状況に合わせて効果の大きさを判断することが重要です。

以上より，適性処遇交互作用が有意であったことが示されました。つまり，スマートフォンやタブレットの1日の利用時間が多いか少ないかによって，適切な教授形態が異なります。電子端末に慣れているかそうでないかという生徒の適性によって，対面講義かeラーニングによる遠隔講義を使い分けることができれば，大きな教育効果を得ることができるでしょう。

また，「適性」や「処遇」の主効果は有意ではないので，スマートフォンやタブレットの1日の利用時間の多少，あるいは講義かeラーニングかによる成績向上点の差異は，認められないことになります。ただし，今回はデータ数がとても少ないですから，検定力が小さくなっていることに注意してください。

質問コーナー

1万人のテストデータに対して，分散分析による適正処遇交互作用の分析を行ったところ，適性・処遇・交互作用すべてが有意になりました。このことから，交互作用の存在を強く主張してもよいですか？

分散分析に限らず多くの検定手法において，「標本サイズが大きくなると有意になりやすくなる」という関係が成り立ちます。つまり，研究目的に照らし合わせて，実質的にはほとんど意味がないような差であっても，有意になってしまうこともあるのです。このことについては第1巻などを参照してください。

実際のテスト場面では，標本サイズが数千人を超えるようなデータを扱うことも少なくありません。そのような場合，検定を実施するときは上記の点をよく注意して，たとえば図2-3のようなプロット図を，常に確認するようにしたほうがよいでしょう。

2.3 一般線形モデルとしての回帰分析

2.3.1 適性要因を量的変数として扱う

前節の実験計画では,「スマートフォンやタブレットの1日の利用時間」という要因を,短時間群および長時間群という質的変数として取り扱いました。それに対して,「1日の利用時間(分)はどのくらいですか」というように,実際の利用時間を量的変数として扱うことも可能です。このように,検討する要因が量的変数の場合は,回帰分析を利用することになります(回帰分析については第3章や第3巻も参照してください)。

具体的には,次のようなデータの分析を想定します。はじめに,研究対象となる大学生100名に対して,「スマートフォンやタブレットの1日の利用時間」を尋ねます。全員に前節と同様に事前テストを実施し,その後無作為に抽出した50名に「講義」による学習,残りの50名には「eラーニング」による学習を行います。最後に全員に事後テストを行い,「事後テスト－事前テスト」の得点を「成績向上点」とします。表2-5は,このようにして収集したデータです。

表2-5 利用時間を尋ねたデータ

ID	成績向上点	教授形態	利用時間(分)
1	8	0	61
2	8	0	37
3	7	0	87
50	9	0	3
51	6	1	2
99	10	1	46
100	8	1	31

ここで,「教授形態」は「講義」のときは0,「eラーニング」のときは1と,ダミー変数を用いてコード化しています。

図2-5は,横軸を利用時間(今回は量的変数),縦軸を成績向上点としたときの全学生の散布図です。図2-3のときと同じく,講義では利用時間が増加しても成績向上点は大きく変わりませんが,eラーニングによる授業では,利用時間が増加すると成績向上点も向上していくことが読み取れます。

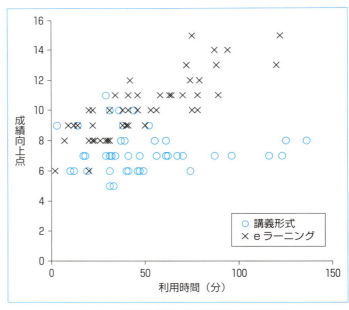

図2-5 利用時間(分)と成績向上点の散布図

2.3.2 通常の重回帰分析

はじめに，表2-5のデータを元に，通常の回帰分析を行ってみます。独立変数[*10]は2つあり，利用時間が適性に関する量的な要因，教授形態が処遇に関する質的な要因です。従属変数[*11]は成績向上点です。2つの独立変数で従属変数を予測するので，重回帰分析です。式で表すと以下になります。

$$\text{成績向上点} = \text{切片} + \text{量的適性係数} \times \boxed{\text{量的適性}} + \text{処遇係数} \times \boxed{\text{処遇}} + \text{誤差} \quad [2\text{-}②]$$

$\boxed{\text{量的適性}}$ という変数は，利用時間を意味しています。また，利用時間が成績向上点に与える影響（偏回帰係数）が，量的適性係数です。さらに，$\boxed{\text{処遇}}$ は教授形態を意味する質的変数です。$\boxed{\text{処遇}}$ は，教授形態が講義形式のときに0，eラーニングのときに1と，コード化したダミー変数です。[2-②] 式は，具体的には表2-6のようになります。

表2-6 ダミー変数を用いた回帰式（重回帰分析）

	回帰式
処遇 ＝ 0（講義）	成績向上点＝切片＋量的適性係数×量的適性
処遇 ＝ 1（eラーニング）	成績向上点＝（切片＋処遇係数）＋量的適性係数×量的適性

[2-②] 式に処遇＝0（講義）を代入すると，処遇係数もろともキャンセルされています。つまり，切片は，処遇が講義で，利用時間が0分のときの成績向上点の平均値，という意味です。また，量的適性係数は，利用時間が1分増えたときの成績向上点の増分です。また，処遇＝1（eラーニング）を代入すると，処遇係数が残り，切片＋処遇係数を合わせて，この回帰式の切片になっています。つまり，処遇係数は，利用時間が0分である参加者に対して，処遇を講義からeラーニングにしたときの，成績向上点に与える影響，と解釈することができます。表2-6の2つの回帰式をグラフ化すると平行になります。なぜなら，傾きが量的適性係数で等しいからです。

表2-7は重回帰分析の結果です。切片およびどちらの傾きも，有意になりました。また，こ

表2-7 重回帰分析結果

母数	推定値	標準誤差	t値	有意確率	95%信頼区間	
					下限	上限
切片	5.879	0.332	17.693	.000	5.219	6.538
量的適性係数	0.029	0.005	5.592	.000	0.018	0.039
処遇係数	2.959	0.309	9.593	.000	2.347	3.572

[*10] 説明変数や予測変数ともいいます。
[*11] 基準変数や目的変数ともいいます。

のときの決定係数 R^2（第3巻参照）は .56 でした。この結果から得られる2本の回帰直線は，以下となります。

処遇 = 0（講義）　　　　　：成績向上点 = 5.879 + 0.029 × 利用時間
処遇 = 1（eラーニング）：成績向上点 = 5.879 + 2.959 + 0.029 × 利用時間
　　　　　　　　　　　　　　　　　　 = 8.838 + 0.029 × 利用時間

この結果をそのまま解釈すれば，教授形態にかかわらず，スマートフォンやタブレットの利用時間が多くなれば成績向上点も上昇し，かつeラーニング形式による学習のほうが，3点ほど成績向上点が高くなるということになります。

しかし，分析結果を図示した図2-6をよく見ると，回帰直線と実際のデータ（○，×印）とは，利用時間が多くなるほどズレが生じているようです。これは，2本の直線が平行になる，つまりどちらの教授形式であっても利用時間と成績向上点との関係は同じである，という制約のもとで分析を行ったことが原因です。すなわち，適性処遇交互作用を考慮していないわけです。

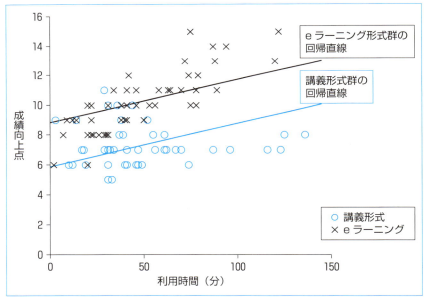

図 2-6　講義形式と e ラーニング形式の回帰直線

2.3.3　交互作用項を導入した重回帰分析

それでは，適性処遇交互作用を考慮した重回帰分析について見ていきます。適性処遇交互作用の考え方からすると，スマートフォンやタブレットの利用時間という適性によって，教授形態である処遇の影響が変化するわけですから，これを重回帰分析の文脈で表すと，[2-③] 式

のような回帰式になります。

$$\text{成績向上点} = \text{切片} + \text{量的適性係数} \times \boxed{\text{量的適性}} + \text{処遇係数} \times \boxed{\text{処遇}}$$
$$+ \text{交互作用係数} \times \boxed{\text{量的適性} \times \text{処遇}} + \text{誤差} \quad [2\text{-}③]$$

［2-③］式と［2-②］式の違いは，交互作用係数×量的適性×処遇，という交互作用項が加わったことだけです。［2-③］式を，処遇＝0（講義）のときと，処遇＝1（eラーニング）のときで場合分けすると，表2-8のようになります。

表2-8 ダミー変数を用いた回帰式（交互作用項のある重回帰分析）

	回帰式
処遇＝0（講義）	成績向上点＝切片＋量的適性係数×量的適性
処遇＝1（eラーニング）	成績向上点＝切片＋処遇係数＋量的適性係数×量的適性＋交互作用係数×量的適性 ＝（切片＋処遇係数）＋（量的適性係数＋交互作用係数）×量的適性

　処遇＝0（講義）のときは，対応する項がキャンセルされて，定数項が切片であり，傾きが量的適性係数である回帰式になっています。切片と量的適性係数の解釈は，2.3.3節と同様です。

　処遇＝1（eラーニング）のときは，定数項が「切片＋処遇係数」，傾きが「量的適性係数＋交互作用係数」の回帰式となっています。処遇係数の解釈は，2.3.2節で示したとおりです。交互作用係数は，処遇を講義からeラーニングに変えると，利用時間が1分増えたとき，成績向上点が（量的適性係数に加えてさらに）どれだけ増えるか，を意味しています。

　母数の推定値を，表2-9に示します。通常の重回帰分析の結果（表2-7）と異なり，利用時間が成績向上点に与える影響（量的適性係数）と，教授形態が成績向上点に与える影響は，有意ではありません。適性処遇交互作用の影響を示す交互作用係数は，有意となっています。また，決定係数 R^2 は.71と高くなりました。

表2-9 母数の推定値（交互作用項のある重回帰分析）

母数	推定値	標準誤差	t 値	有意確率	95％信頼区間	
					下限	上限
切片	7.208	0.332	21.715	.000	6.549	7.866
量的適性係数	0.001	0.006	0.259	.796	−0.010	0.013
処遇係数	0.085	0.483	0.177	.860	−0.873	1.044
交互作用係数	0.059	0.008	6.984	.000	.042	0.075

　量的適性係数と処遇係数が有意ではなかったため，それぞれを0とすると，［2-③］式の誤差項を0とした回帰直線は，次の2つの式で表せます。

> 教授形態が講義のとき　　　　　：成績向上点＝7.208
> 教授形態がeラーニングのとき：成績向上点＝7.208＋0.059×量的適性

　教授形態が講義のときの回帰式は，処遇＝0を代入して，交互作用項も0となり，また量的適性係数も有意でないため0とすると，切片のみが残って，「成績向上点＝7.208」という水平な直線になります。eラーニング形式の回帰式は，処遇＝1なので，結局，以下の回帰式となります。

> 「成績向上点」＝7.208＋0.059×利用時間

　この2本の直線を散布図に重ねたものが，図2-7です。図2-7から，どちらの回帰直線も，データをより反映したものになっていることがわかります。このことが，決定係数の向上に表れています。

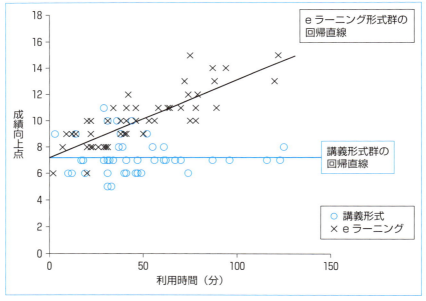

図2-7　交互作用項を含んだ回帰直線

　また，量的適性係数と処遇係数が有意ではなかったことから，「教授形態がどちらであるか」「スマートフォンやタブレットの利用時間はどれくらいか」自体は成績向上には影響せず，「スマートフォンやタブレットの利用時間が多い生徒ほど，eラーニング形式の講義が有効である」という，適性処遇交互作用の影響を見てとることができます。
　また，分散分析表を表2-10に示します。量的適性要因と適性処遇交互作用が有意でした。効

表 2-10　分散分析表（交互作用項のある重回帰分析）

要因	平方和	自由度	平均平方	F値	p値	偏η^2
修正モデル	371.200	3	123.733	77.616	.000	.708
切片	1437.832	1	1437.832	901.933	.000	.904
量的適性	85.805	1	85.805	53.824	.000	.359
処遇	0.050	1	0.050	0.031	.860	.000
量的適性 × 処遇	77.762	1	77.762	48.779	.000	.337
誤差	153.040	96	1.594			
総和	8198.000	100				

果量の大きさも十分であるといえます。ひとつ注意なのは，表2-9で量的適性係数は有意ではありませんでした。量的適性係数は，前述したように，処遇が講義であるとき，利用時間が1分増えたときの成績向上点の増分です。しかし，分散分析表における量的適性要因の主効果は，利用時間が成績向上点の分散を説明できるかどうかについて検討しているものです。したがって，両者は，少し異なる観点から評価しているものなので，結果が一貫しないことがあります。図2-7を見てもわかるとおり，今回は，量的適性要因の主効果について特に意識する必要はないでしょう。2要因の分散分析（第2巻参照）において交互作用効果が有意のときに，主効果について解釈することはあまり有意義ではなかったことを思い出してください。ここでも，適性処遇交互作用が有意であったため，量的適性要因の主効果を積極的に評価する必要はありません。

2.4　まとめ

　一般線形モデルは，分散分析と回帰分析を，統一的に回帰分析として扱うことのできる枠組みです。一般線形モデルは，分散分析と回帰分析の良いところをあわせもっています。

　まず，分散分析を一般線形モデルとして扱う長所は，回帰係数に着目することです。分散分析では，回帰係数の推定値に，ほとんど意識することはなかったと思います。しかし，［2-①］式のように表現することによって，分散分析表だけでなく回帰式の母数の推定値に着目して，解釈できるようになりました。

　また，回帰分析を一般線形モデルとして扱うことの長所は，交互作用項を簡単に導入することができることです。交互作用は，分散分析にルーツをもつ考え方なので，なかなか回帰分析の中で考えることはなかったと思います。しかし，分散分析の考え方を導入して，交互作用項を回帰式の中に組み込み，さらに表2-10のように分散分析表を作成して，要因ごとの効果を検証することができるようになりました。

【文献】
杉江修治（2004）．協同学習による授業改善．教育心理学年報，**43**，156-165．
辻 義人（2013）．タブレット端末の教育効果の向上を促す要因は何か？――学習者の背景要因・活用条件要因・継続的利用による変化要因の検討．日本教育工学会第29回全国大会講演論文集，611-612．

理解できたかチェックしてみよう！

問1：適性要因が「向性（内向的・外向的の2水準）」で，処遇要因が「グループワーク形式（競争型・協調型の2水準）」，従属変数が「成績向上点（連続変数）」のとき，適性処遇交互作用を検討する際には，分散分析と回帰分析のどちらを用いるのが適当か答えてください。

問2：適性要因が「1,500m走の速さ（秒）」で，処遇要因が「野球の練習形式（基礎体力型・実践ゲーム型）」，従属変数は「打率（連続変数）」のとき，適性処遇交互作用を検討する際には，分散分析と回帰分析のどちらを用いるのが適当か答えてください。

問3：適性処遇交互作用分析の結果，以下のような分散分析表を得ました。次の問いに答えてください。

表1　分散分析表

要因	平方和	自由度	平均平方	F値	p値	偏η^2
切片	1051.25	1			.00	.95
適性	18.05	1			.03	.26
処遇	0.05	1			.90	.00
交互作用	11.25	1			.08	.18
誤差	50.40	16				
全体	1131	20				

① 切片要因，適性要因，処遇要因，交互作用要因，誤差要因の，平均平方の欄を埋めてください。
② 切片要因，適性要因，処遇要因，交互作用要因の，F値の欄を埋めてください。
③ 適性によって処遇を変えるべきでしょうか（有意水準5％とします）。

第3章 読解力に対する学校の影響 1
――マルチレベル分析の基礎

3.1 階層の影響

　教育心理学では，小学生や中学生，高校生を対象とした研究が非常に多いです。ここでは，小・中学生に対して，自己価値の随伴性が自己調整学習に与える影響について研究しようと思います（大谷ら，2012）。

3.1.1 自己価値の随伴性と自己調整学習

　自己価値の随伴性とは，自分のある領域が自尊心の源になっている程度のことです。たとえば，学業成績の良さが自尊心の源になっている人にとっては，期末テストの結果が良ければ自尊心は高まる，つまり，自己価値の随伴性が高いといえます。

　また，自己調整学習とは，学習者が自律的で自己効力感をもっているととらえ，学習過程のさまざまな段階で自己モニター・自己評価でき，学習を最適なものにするべく，社会的・物理的環境を自ら選択・構成・創造していること（伊藤・神藤，2003）をいいます。自己調整学習は，「自ら学ぶ力」につながる重要な概念で，今日の教育心理学のキーワードのひとつです。

　しかし，自己価値の随伴性と自己調整学習の関係は，子どもたちがどのような学級で日々を過ごしているかによって変わってきます。担任の先生の指導方針や，学級が共有している目標や雰囲気が違うと，子どもたちがどのようなことを自尊心とするかが変わってくるからです。つまり，学生・児童からとったデータは，学級の影響を強く受けていることがあります。

3.1.2 階層データの構造

　このことについて，もう少し考えてみましょう。たとえば，全国の小学生を対象とした研究において，ふつう小学生は，公立A小学校や私立B小学校といった，どこかの小学校に通っています。また児童は，各小学校の中で，いずれかの学級に所属しています。このような状態を，小学生が学級にネストされているという表現を用います。あるいは，小学生が学級に入れ子になっていると表現します。このように，各小学生は学級にネストされ，その各学級はある小学校にネストされ，その各小学校もある都道府県にネストされ……というような構造をもったデ

ータを,階層データと呼びます(図3-1)。

図3-1において,「児童」の階層をレベル1,「学級」の階層をレベル2,「小学校」の階層をレベル3というように,各階層をレベルとして表現します。児童を対象にした研究データでは,多くの場合,このような階層構造をなしていることがわかるでしょう。また,このレベルもさまざまなものを想定できるでしょう。図3-1の例でいっても,「小学校」の上位レベルとして,たとえば「市町村」を設定することができます。

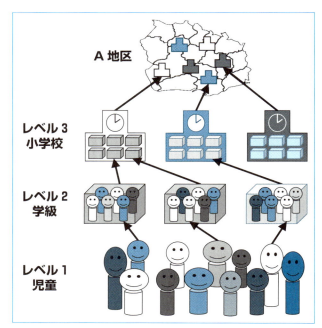

図3-1　階層データの例

3.2　階層データに対する分析

さて,このような階層データの分析例として,次のようなことを考えてみます。

研究目的は,小学生の「読書時間」が,「文章の読解力」にどの程度関係しているのかを調べることにします[*12]。このとき,研究対象とする母集団を,「日本におけるすべての小学生」とします。厳密に無作為抽出(ランダム・サンプリング)を実施するのであれば,全国の小学生の名簿を作成し,そこからランダムに調査対象者を選ぶなどの作業が必要になります。

しかし,このような大規模な調査を行うには,大変な労力(人的資源・金銭的コスト・時間・組織力など)が必要です。現実場面では,いくつかの都道府県に絞って,その中のいくつかの小学校に調査依頼をすることが多いでしょう。このようなときの階層構造を図示すると図3-2のように,レベル1が「児童」,レベル2が「小学校」となります。先にも述べたように,児童と小学校の間に「学級」というレベルを置いたり,小学校の上に「市区町村」のレベルを置くこともできます。しかし,レベル数が増加すると分析および結果の考察が非常に複雑になるため,本章ではレベル数を2に限定します。

この階層データにて先の研究目的を検証するために,読書時間に関するアンケート「1週間に読書を何分しますか」を小学生に実施し,また各児童に国語の「文章読解テスト」(0～100

---

*12　秋田・無藤(1993)の研究によると,小3・小5・中2の児童生徒に対して行った横断調査では,高学年ほど読書の意義は,認知的内生的意義(本を読んで空想や感動ができるから,知識が増えるから,など)であると回答しています。一方で,低学年ほど外生的意義(読書をすると先生や親からほめられるから,など)が強いです。

点）を実施することにします。そして，「読書時間」が「文章読解テスト」に，どのような影響を与えるのかを調べることにします。実際に得られたデータの一部を，表3-1に示します。

はじめに，読書時間を横軸に，文章読解テストの得点を縦軸にして全データの散布図を描くと，図3-3①のようになりました。データ全体で見ると，やや右下がりの様子を示しています。相関係数を算出すると，－.38となり負の相関となります。通常，この相関をそのまま考察すると「読書時間が多いほど，読解力が低くなる」という結論を導いてしまいます。

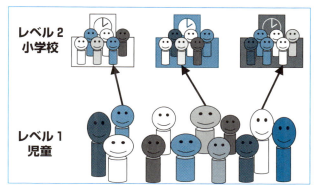

図3-2　小学校データの例

表3-1　読書時間と文章読解テストのデータ（仮想データ）

児童番号	学校番号	読書時間（分）	文章読解テスト（点）
1	1	71	53
2	1	55	53
3	1	60	49
149	5	24	70
150	5	25	63

3.2.1　階層データにおける階層の影響

さて，ここで階層データにおいて注意しなければならない，「階層の影響」について考えます。じつはこのデータは，5つの小学校に所属する児童を対象にしています。図3-3②は，小学校ごとにマークを変えて表示した散布図です（この図は，説明のために極端なデータ配置になっています）。

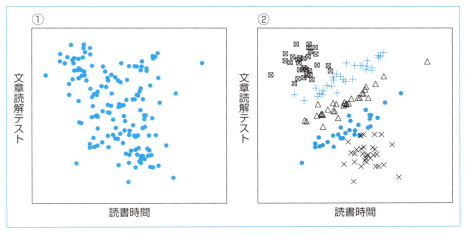

図3-3　読書時間と文章読解テストの散布図

図3-3②を見ると，図3-3①とはずいぶんと印象が異なります。小学校ごとに個別に見ると，＋や△，●で示している小学校では，読書時間と文章読解テストとの間にかなり高い正の相関があります（実際の相関係数は.90以上です）。それに対して，グラフの左上と右下にある⊠や×で表している小学校では，2つの変数の相関はほぼ無相関です（実際の相関係数は±.05以内です）。このように集団全体における相関と，集団ごとに分割して計算される相関が大きく異なることを，シンプソンのパラドックス（本シリーズ第1巻4章を参照）といいます。

　このように，階層構造データにおいては，階層の影響について注意しなければなりません。この例では，レベル2の「小学校」という階層の影響です。たとえば，×印のある小学校では毎朝読書の時間を設けて，各児童の読書時間が長い（そしてばらつき〈＝分散〉が小さい）のかもしれません。また，読解力の育成に力を入れている小学校もあるかもしれません。このように，階層である小学校ごとに，今回の分析に大きく影響を与える要因が含まれている可能性が考えられます。

　もし，全国の小学生から適切にランダム・サンプリングを行うのであれば，このような階層の影響を打ち消すことができると期待できます。しかしながら，（さまざまな制限により得られた）階層構造データでは，この影響を無視することができないのです（図3-4）。

　したがって，この階層の影響を分析の中に組み込んで，その程度を調べる必要が出てきます。このようなときに有効なのが，マルチレベル分析です。マルチレベル分析は，階層線形モデルや線形混合モデルということもあります。教育心理学の分野では，階層線形モデルと呼ぶことも多いです。

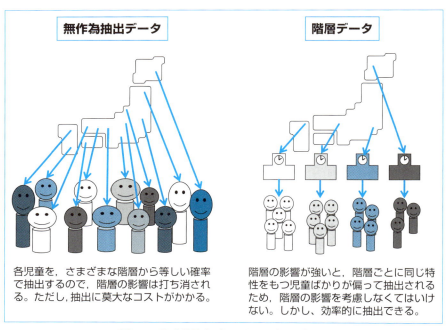

図3-4　無作為抽出データと階層構造データ

3.3 ランダム切片モデル —— マルチレベル分析の基礎1

3.3.1 回帰分析

　読書時間が文章読解テストにどのような影響を与えるのかを検討していきますが，両方の変数が量的な変数なので，回帰分析を行うことにします。回帰分析は第2章でも扱いましたが，マルチレベル分析においてとても重要な基礎ですので，少し詳しく見ていきます。

　はじめに，読書時間数を使って，文章読解テストの得点を［3-①］式で表すことにします。

$$\boxed{読解} = 切片 + 傾き \times \boxed{時間} + 誤差 \qquad [3\text{-}①]$$

　$\boxed{時間}$は，読書時間（分）のことで，$\boxed{読解}$は文章読解テスト得点のことです。また，誤差は読書時間数では説明（予測）できない，テスト得点の個人差（ばらつき）です。［3-①］式は，誤差の部分を除くと，読書時間を独立変数，文章読解テストの得点を従属変数とした一次関数になっており，グラフにすると直線になります（図3-5）。回帰分析によって得られる直線のことを，回帰直線といいます。回帰分析の目的は，［3-①］式における切片と傾きを推定することです。

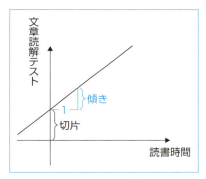

図3-5　回帰直線

　誤差については，誤差そのもの（標本サイズと同じ数だけあります）の数値には，分析的関心がありません。そして，誤差の期待値（平均）は0とします。第1章でも述べましたが，もしも誤差の期待値が+1や-2だったら，従属変数の値に系統的な影響が混入することになってしまいます。誤差はプラスにもマイナスにも同程度になりうるので，期待値を0とします。しかし，誤差のばらつきの大きさがどの程度なのかを知ることは重要です。つまり，読書時間によって説明できないテスト得点のばらつきの大きさ，すなわち誤差分散を推定します。

3.3.2 切片の分解

　マルチレベル分析では，この回帰分析のモデルの中に，階層の影響を組み込みます。まずは，最もシンプルなモデルである，ランダム切片モデルについて見ていきます。

◆レベル1◆
小学校A：読解 ＝ 切片$_A$ ＋ 傾き × 時間 ＋ 誤差
小学校B：読解 ＝ 切片$_B$ ＋ 傾き × 時間 ＋ 誤差
小学校C：読解 ＝ 切片$_C$ ＋ 傾き × 時間 ＋ 誤差
⋮

◆レベル2◆
小学校A：切片$_A$ ＝ 全体切片 ＋ 偏差切片$_A$
小学校B：切片$_B$ ＝ 全体切片 ＋ 偏差切片$_B$
小学校C：切片$_C$ ＝ 全体切片 ＋ 偏差切片$_C$
⋮

[3-②]

ランダム切片モデルでは，まず，[3-②]式のレベル1のように，小学校ごとに個別に回帰分析を設定します。そのとき，小学校Aの回帰直線には切片$_A$を仮定し，小学校Bの回帰直線には切片$_B$を仮定するというように，小学校ごとに切片は異なるとします。ただし，すべての小学校の回帰直線の傾きは，等しいと仮定しています（傾き$_A$・傾き$_B$・傾き$_C$，などとなっていないことに注意してください）。

また，[3-②]式のレベル2を見てください。たとえば，小学校Aのデータにおける回帰直線の切片（切片$_A$）は，データ全体の切片（全体切片）と全体切片からのズレ（偏差切片$_A$）というように，全体切片を基準に分解します。他の小学校の切片も同様に分解します。

このように，レベル1では小学校ごとに回帰直線を設定し，レベル2では小学校ごとに切片を分解しているのですが，小学校数が多いとき，すべての小学校について書き下すのは大変です。そこで，[3-③]式のように，小学校jとして一般的な表現も示しておきます。jに，A，B，C……を代入すれば，それぞれの小学校を表す式になります。一般的な表現は，紙面を節約して表現することができるので便利です。

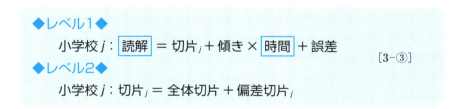

この「切片の分解」について図示したものが，図3-6です。黒い線で表している回帰直線の切片が，全体切片です。そして，先に見た階層の影響により，各小学校の回帰直線は，全体の回帰直線からずれています（青い線の回帰直線）。ランダム切片モデルでは，各小学校は傾きが等しい（各青い線がすべて平行になります）けれども，切片部分は異なるモデルです。

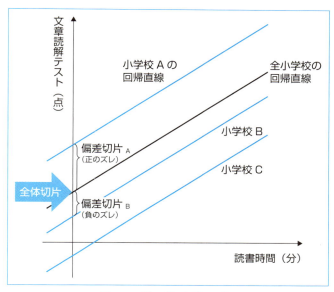

図3-6 ランダム切片モデル

3.3.3 切片分散の推定

ランダム切片モデルでは，[3-③]式における傾きおよび，全体切片を推定します。そして各小学校の切片の全体切片からのズレ（偏差切片$_A$，偏差切片$_B$，偏差切片$_C$……）を推定します。しかし，マルチレベル分析では，調査の都合により階層データを得たのであって，階層（ここでは「小学校」）の影響は考察したいけれども，個々の小学校の切片にはとくに興味がない場合が多いです。そのときは，偏差切片$_A$，偏差切片$_B$，偏差切片$_C$……が正規分布のようにばらついていると考えて（図3-7左），そのばらつきの大きさ（分散）を考察の対象とします。この分散を「切片分散」と呼ぶことにします。なお，偏差切片$_A$，偏差切片$_B$，偏差切片$_C$……の期待値（平均）は，全体切片からのズレの平均なので，0と考えることができます。

この切片分散の推定が，マルチレベル分析においてとても重要な意味をもちます。図3-7右を見てください。もし，切片分散が小さければ，つまり正規分布の幅が狭ければ，各小学校の

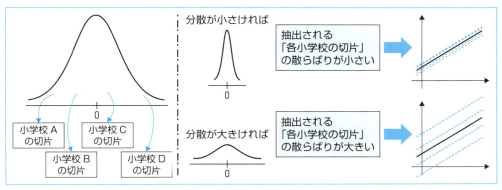

図3-7 切片分散について

切片は，どれも同じような数値だということです。逆に，切片分散が大きいときは，各小学校の切片が大きいものから小さいものまで幅があることになります。言い換えると，切片分散が小さければ小学校という階層の影響は少なく，切片分散が大きいほど階層の影響が大きいということがわかるわけです。もちろん，小学校ごとの切片も大事な情報なので，切片分散が推定された後に，小学校ごとの切片の全体切片からのズレ（偏差切片$_A$，偏差切片$_B$，偏差切片$_C$……）を推定することができます[*13]。

また，[3-②]式のレベル1の切片に，レベル2の式を代入すると，[3-④]式のようにまとめることができます。

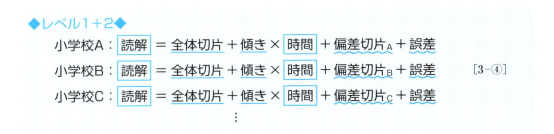

一般的な表現は，[3-⑤]式になります。

ここで下線部の全体切片と傾きは，小学校ごとに求めるのではなく，全体でただ1つだけ推定するので，固定効果（fixed effect）と呼びます。それに対して，波線部の偏差切片$_j$（偏差切片$_A$，偏差切片$_B$，偏差切片$_C$……）や誤差は，たった1つだけの値を推定するのではありません。偏差切片は小学校の数だけあり，誤差は児童の数だけあります。これらの数値の背後には正規分布を仮定してその分散を求めるので，変量効果（random effect）と呼びます。なお，誤差の平均は0とします。また，誤差と偏差切片は無相関とします。つまり，偏差切片が大きい小学校ほど，その小学校に所属する児童の誤差は大きい傾向がある，というような関係はないものとします。

3.3.4 分析例

それでは，実際に読書時間（分）を独立変数，文章読解テストを従属変数とした，ランダム切片モデルの分析をしてみます。データは，30校の小学校について，各学校50名の児童（総数1,500名）に調査を実施したものとします。このとき，データ全体での読書時間（分）の平均は

[*13] ソフトウェアによっては，出力できないものもあります。

60.60，標準偏差は20.15，文章読解テストの平均は46.32，標準偏差は13.79でした。このデータに対して，ランダム切片モデルを適用した結果が表3-2です。

表3-2 ランダム切片モデルの結果

	母数	推定値	標準誤差	t 値	p 値	95％信頼区間 下限	95％信頼区間 上限
固定効果	全体切片	40.35	1.85	21.80	.000	36.62	44.08
	傾き	0.10	0.01	7.28	.000	0.07	0.13
変量効果	切片分散 （標準偏差）	80.45 (8.97)	21.70	3.71	.000	47.42	136.49
	誤差分散 （標準偏差）	108.79 (10.43)	4.01	27.10	.000	101.20	116.95

はじめに，固定効果の傾きについては通常の回帰分析における解釈と同じく，読書時間が1分多いと，文章読解テストの得点は0.1点高い，ということが見てとれます。つまり，1週間に60分読書時間が多い児童は，テスト得点が6（＝0.1×60）点高いといえるわけです。

全体切片についても，通常の回帰分析の場合と同じように解釈できて，読書時間が0分の児童のテストの平均点は40.35点だといえます。ただし，切片については変量効果により小学校ごとに異なります。小学校ごとに異なる切片のばらつきの大きさが，標準偏差でいうと8.97ですから，小学校によりある程度，切片が異なるということがわかります。つまり，読書時間が0分である児童のテストの平均値は，小学校によってばらつきが大きいことを示しています。

表3-3は，学校ごとに推定された偏差切片の一部です[*14]。この値と，表3-2で示した全体切片の数値を合計することで，各学校の切片を求めることができます。1番目の小学校は切片の合計がおよそ28点となっています。これは［3-①］式からもわかるとおり，1番目の小学校では，読書時間が0分である児童は，文章読解テストの平均点が28点になるわけです（実際の児童の得点には，これに誤差が加わります）。

先述したように，文章読解テストの平均点はおよそ46点でした。一方で，1番目の小学校では，ランダム切片モデルのもとで，平均的な読書時間の児童のテスト得点の予測値は，34.15（＝28.09+0.10×60.6）であることから，この学校の文章読解テストの得点がやや低かったことがうかがえます。

表3-3 学校ごとの偏差切片の推定値

学校番号	偏差切片	全体切片＋偏差切片
1	−12.26	28.09
2	6.95	47.30
3	2.89	43.24
29	6.80	47.15
30	5.70	46.05

3.4 ランダム傾きモデル ── マルチレベル分析の基礎2

先のランダム切片モデルでは，［3-③］式のように小学校 j の切片（切片$_j$）を，全体切片と偏

[*14] ただし，表3-2の出力を得たソフトウェアとは，別のソフトウェアを用いています。

差切片$_j$に分解しました。これに対して，[3-①]式における「傾き」を，同様に「データ全体の傾き（全体傾き）」と「各小学校の傾きの全体傾きからのズレ（偏差傾き$_j$）」に分解するモデルを，**ランダム傾きモデル**と呼びます。レベルごとに式で表すと，[3-⑥]式のようになります。

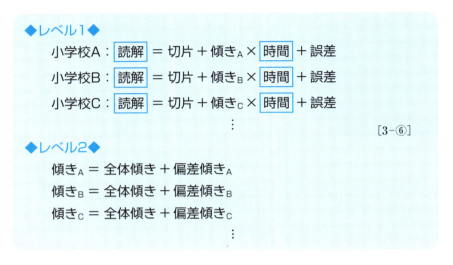

[3-⑥]式を一つの式にまとめたのが［3-⑦］式です。

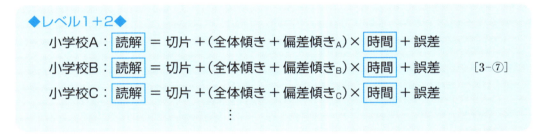

また，［3-⑥］式と［3-⑦］式の一般的な表現は，［3-⑧］式です。ランダム傾きモデルでは，下線部の切片や全体傾きが固定効果で，破線部の各小学校の傾きの違い（偏差傾き）と誤差が変量効果です。ここでも誤差の平均は0とし，誤差と偏差傾きは無相関とします。

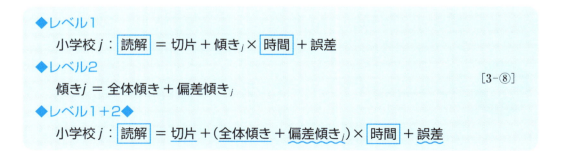

図3-8には，ランダム傾きモデルにおける回帰直線を示しています。この図からもわかると

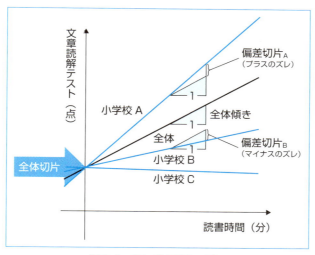

図 3-8　ランダム傾きモデル

おり，各小学校の回帰直線において，切片はすべての小学校で共通です。しかし，全体傾きを傾きとする回帰直線（黒線）に対して各小学校の回帰直線の傾きが異なっています。このように，傾きに対して階層の影響を考慮するのが，ランダム傾きモデルです。

また，各小学校の傾きを，個別に推定することができます。しかし，やはり，各小学校の傾きにはとくに興味がなく，小学校という階層の影響の大きさのみを考察したい場合は，各小学校の傾きの，ばらつきの大きさを評価することにします。この小学校ごとの傾きのばらつきが正規分布していると考えて，その分散（傾き分散）を推定します。分散が小さければ，各小学校の回帰直線は同じような傾きになり，分散が大きいと，各小学校の傾きの違いが顕著であることを意味します（図3-9）。

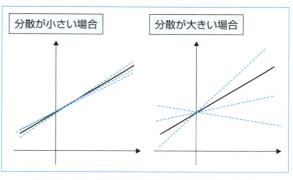

図 3-9　ランダム傾きモデルにおける傾きの変動

3.4.1　分析例

前節の分析例で用いたデータについて，[3-⑧]式のランダム傾きモデルを適用した結果を，表3-4に示します。

固定効果の推定値は，ランダム切片モデルと大差ない結果となっています。また，傾きについては，小学校によって若干のばらつきがあります。偏差傾きの標準偏差が0.14ですから，全体傾き±2×標準偏差を考えると−0.19〜0.37となり，一部の小学校では，傾きが0もしくは負であることがわかります。表3-5は，学校ごとの偏差傾きです。1番目の小学校は，ラン

ダム傾きモデルの結果では,傾きが負として表れています。

表3-4 ランダム傾きモデルの結果

	母数	推定値	標準誤差	t値	p値	95%信頼区間	
						下限	上限
固定効果	切片	40.79	0.88	46.38	.000	39.07	42.52
	全体傾き	0.09	0.03	3.23	.002	0.03	0.15
変量効果	傾き分散 (標準偏差)	0.02 (0.14)	0.01	3.70	.000	0.01	0.03
	誤差分散 (標準偏差)	113.38 (10.65)	4.18	27.10	.000	105.47	121.88

表3-5 学校ごとの偏差傾きの推定値

学校番号	偏差傾き	全体傾き+偏差傾き
1	−0.20	−0.11
2	0.12	0.22
3	0.06	0.15
〜	〜	〜
29	0.10	0.19
30	0.10	0.19

3.5 ランダム係数モデル ── マルチレベル分析の基礎3

ランダム切片モデルとランダム傾きモデルは,組み合わせることができます。具体的には,レベル1の回帰式と,レベル2の切片と傾きの分解を,[3-⑨]式のように表現します。2つのモデルの単純な組み合わせなので,小学校jの一般的な表現のみを示します。

◆レベル1◆
　小学校j: 読解 = 切片$_j$ + 傾き$_j$ × 時間 + 誤差
◆レベル2◆
　小学校j: 切片$_j$ = 全体切片 + 偏差切片$_j$
　　　　　 : 傾き$_j$ = 全体傾き + 偏差傾き$_j$ [3-⑨]
◆レベル1+2◆
　小学校j: 読解 = 全体切片 + 偏差切片$_j$ + (全体傾き + 偏差傾き$_j$)
　　　　　　× 時間 + 誤差

このモデルを,ランダム係数モデルと呼び,切片および傾きそれぞれに,階層の影響を考慮しています(図3-10)。

ランダム係数モデルでは,各小学校について個別に切片と傾きを設定します。このモデルでは,[3-⑨]式の「レベル1+2」が示すように,変量効果は,誤差,偏差切片$_j$,偏差傾き$_j$の3

つです。これまでと同じように，それぞれに正規分布を仮定します。そして，その散らばりの大きさを，誤差分散，切片分散，傾き分散として推定します。もちろん，各小学校の個別の切片と傾きそのものに興味があれば，推定することが可能です。

さて，ここでも誤差の平均は0とし，偏差切片$_j$および偏差傾き$_j$とは無相関とします。誤差は何ものとも関連しないからこそ，誤差といえるからです。しかし，偏差切片$_j$と偏差傾き$_j$には，共分散（相関）を考えます。切片が大きい小学校ほど傾きが大きい，という関係があるか

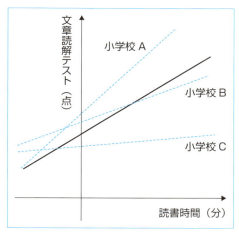

図3-10　ランダム係数モデル

もしれないですし，そういった関係を考察することは重要だからです。

この共分散（切片・傾き共分散とします）の影響を示したものが，図3-11です。切片・傾き共分散の値が0に近いときは，各小学校の切片と傾きの値に共変関係はありません（図3-11①）。それに対して，共分散の値が正に大きいときには，切片と傾きの値に正の共変関係があります。つまり，切片が大きい小学校ほど，傾きも大きいです（図3-11②）。逆に，共分散が負のときは，切片が大きい小学校ほど，傾きが小さいということになります。

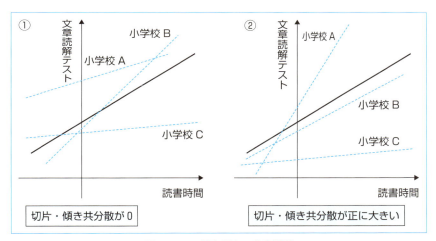

図3-11　切片と傾きの共変関係

3.5.1　分析例

前節までと同じデータを用いて，[3-⑨]式のランダム係数モデルを適用した結果が，表3-6です。

固定効果の推定結果は，ランダム切片モデル，ランダム傾きモデルのときの結果と，大差は

表 3-6　ランダム係数モデルの結果

	母数	推定値	標準誤差	t 値	p 値	95％信頼区間	
						下限	上限
固定効果	全体切片	40.49	1.68	24.10	.000	37.05	43.93
	傾き	0.10	0.02	5.56	.000	0.06	0.13
変量効果	切片分散 （標準偏差）	62.56 (7.91)	22.29	2.81	.005	31.12	125.78
	傾き分散 （標準偏差）	0.00 (0.06)	0.00	1.50	.133	0.00	0.01
	切片・傾き共分散 （相関）	0.04 (0.08)	0.17	0.23	.822	−0.30	0.37
	誤差分散 （標準偏差）	107.43 (10.37)	4.00	26.84	.000	99.86	115.57

ありませんでした。変量効果については，切片と傾きの両方をモデルに加えたことで，ランダム切片モデル，ランダム傾きモデルに比べて，少し数値が小さくなりました。また，切片と傾きの相関は .08 でした。つまり，切片が高い小学校ほど，傾きが大きいというような傾向はほとんど見られないと

表 3-7　学校ごとの偏差切片と偏差傾きの推定値

学校番号	偏差切片	全体切片＋ 偏差切片	偏差傾き	全体傾き＋ 偏差傾き
1	−6.50	33.99	−0.10	0.00
2	2.96	43.45	0.07	0.17
3	−0.43	40.06	0.06	0.15
29	7.60	48.09	−0.02	0.08
30	2.20	42.69	0.06	0.16

いうことです。また，表 3-7 には，学校ごとの切片と傾きを示しています。

　このように，マルチレベル分析では，研究目的に合わせて分析者が，ランダム切片モデル，ランダム傾きモデル，ランダム係数モデルを自由に選択することができます。言い換えれば，階層（ここでは「小学校」）が，切片だけに影響するのか，傾きだけに影響するのか，両者に影響するのかを考えながら分析を進めることができます。

　とはいえ，まったく（数値的な）基準なしにモデルを選択するわけではありません。次節からは，階層の影響を調べるための帰無モデルおよび級内相関係数，そしてモデル選択のための方法について見ていきます。

3.6　帰無モデルと級内相関係数

3.6.1　帰無モデル

　[3-③] 式で示したランダム切片モデルについて，独立変数である時間（読書時間）をモデルから取り除いたモデルを，**帰無モデル（null model）** と呼びます。null とは，「ゼロの」という意味があり，基準となるベースのモデルということです。帰無モデルでは読書時間がなく

なったので，それとの積であった傾きもモデルからなくなり，[3-⑩]式のようになります。

◆レベル1◆
　小学校j：読解＝切片$_j$＋誤差
◆レベル2◆
　小学校j：切片$_j$＝全体切片＋偏差切片$_j$　　　　[3-⑩]
◆レベル1＋2◆
　小学校j：読解＝全体切片＋偏差切片$_j$＋誤差

レベル1の切片$_j$は，独立変数がなくなったため，小学校jの平均値と同じです。全体切片は固定効果であり，偏差切片$_j$と誤差は変量効果です。

これまでと同じデータについて帰無モデルを適用した結果が，表3-8になります。

表3-8　帰無モデルの結果

	母数	推定値	標準誤差	t値	p値	95％信頼区間	
						下限	上限
固定効果	全体切片	46.32	1.66	27.94	.000	42.93	49.71
変量効果	切片分散 （標準偏差）	80.20 (8.96)	21.65	3.70	.000	47.24	136.14
	誤差分散 （標準偏差）	112.65 (10.61)	4.16	27.11	.000	104.79	121.09

3.6.2　級内相関係数

帰無モデルでは，独立変数である読書時間がないので，従属変数である文章読解テストの得点に関わるのは，階層の影響を示す「各小学校の切片のばらつき」だけです。そのばらつきについて，各小学校の切片の全体切片からのズレ（偏差切片$_j$）が正規分布していると仮定して，その散らばりの大きさ（切片分散）を推定します。同様に，誤差についても誤差分散を推定します。このとき，この2つの分散を用いて，**級内相関係数**（intraclass correlation coefficient：**ICC**）を求めることができます。

$$級内相関係数 = \frac{切片分散}{切片分散＋誤差分散} \quad [3-⑪]$$

級内相関係数は，データ全体の分散（[3-⑪]式の分母）のうち，階層が説明できる分散の割合を示しています。具体的には，小学校の平均値の散らばり（分散）が，全体の散らばり（分散）に占める割合です。

級内相関係数は0～1の間の数値となり，1に近いほど階層の影響が大きいことを示していま

す。あまりに級内相関係数が高すぎるときは，小学校ごとに平均値はものすごく変わりますが，個々の小学校の中では，児童の個人差はほとんどありません。したがって，小学校ごとに平均値を算出して分析しても，ほとんど問題は起こりません。逆に，級内相関係数が0に近いときには，階層の影響は弱いことを示すので，データの階層性を考慮したマルチレベル分析を用いずに，従来の分析をしてよいことになります。

表3-8の数値から級内相関係数を算出すると，以下になります。

$$級内相関係数 = \frac{80.20}{80.20+112.65} = .42$$

データ全体の変動に対して，およそ42％の変動を「小学校」という階層の影響で説明できることになりますから，本章のデータに対して，マルチレベル分析を行う必要がありそうです。説明の都合上，級内相関係数の説明を後回しにしましたが，階層構造をもつデータ分析では，まず最初に検討したい指標です。

残念ながら，この級内相関係数については，どのくらいの数値であれば階層の影響があると認められるのかについての，明確な基準はありません。級内相関が.05（5％）以上であれば，マルチレベル分析をするとよい（Hox, 2010）という研究者もいます。しかし，研究対象や学問領域などにより基準はさまざまと思われますので，関連する先行研究を参考にするとよいでしょう。

3.7 モデルの比較

3.7.1 モデルの適合度

マルチレベル分析では，多くの場合，制限最尤法や最尤法（伴走サイト第6巻2章を参照）を用いて分析します。ただし，使用するソフトウェアによっては，利用する検定統計量が異なったり，変量効果については検定を行わなかったりとさまざまですので注意が必要です。

分析をすると，モデルがどれくらいデータに当てはまっているか，適合度を出力します。適合度については，第6巻2章に詳しい説明があります。適合度にはたくさんの指標がありますが，マルチレベル分析では，**AIC（赤池情報量基準）**と**BIC（ベイズ情報量基準）**をよく用います。AICやBICは数値が小さいモデルほど，適合度が良いことを示しています（情報量基準は，第6巻3章を参照してください）。これまで見てきた各モデルの適合度指標をまとめたものが，表3-9です。

表3-9を見ると，ランダム傾きモデルのAICや

表3-9 各モデルの適合度指標

要因	AIC	BIC
帰無モデル	11451.34	11461.96
ランダム切片モデル	11406.01	11416.63
ランダム傾きモデル	11464.54	11475.16
ランダム係数モデル	11403.14	11424.39

BICが，他のモデルと比べて大きいです。これは，ランダム傾きモデルが，他のモデルよりも当てはまりが悪いことを意味しています。各小学校の違いが「傾き」にだけ影響を与えるというモデルは，やや無理がありそうだといえます。

　また，帰無モデルも，ランダム切片モデルやランダム係数モデルに比べて，適合度指標が大きくなっています。帰無モデルは，独立変数（ここでは読書時間）を考慮していないモデルです。従属変数（文章読解テスト）を説明するためには，独立変数（読書時間）の存在が重要であることがわかります。

　ランダム切片モデルと，ランダム係数モデルを比較すると，ランダム係数モデルのほうがAICが小さく，ランダム切片モデルのほうがBICが小さいです。この指標だけでは，どちらのモデルが良かったのかの優劣をつけがたいです。

　ランダム係数モデルについて，表3-7をもとに30校分の回帰直線を描いたものが，図3-12です。学校ごとの切片の違いが明確に現れています。それに対して，傾きの違いはそれほど明確ではありません（線分の長さが小学校ごとに異なるのは，実際の読書時間数の最小値・最大値に対応しているためです）。実際，表3-6を見ると，ランダム係数モデルにおける，傾き分散の推定値が有意ではありません。本章のデータに適用するモデルとしては，ランダム切片モデルを採用してよさそうです。

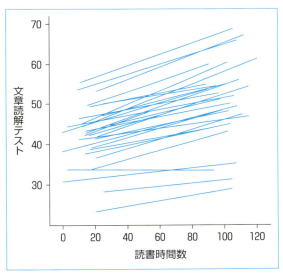

図3-12　ランダム係数モデルにおける小学校ごとの回帰

【文献】
秋田喜代美・無藤　隆（1993）．読書に対する概念の発達的検討——意義・評価・感情と行動の関連性．教育心理学研究，**41**，462-469.
Hox, J. (2010). *Multilevel analysis: Techniques and applications* (2nd ed.). Routledge Academic.
伊藤崇達・神藤貴昭（2003）．自己効力感，不安，自己調整学習方略，学習の持続性に関する因果モデルの検証．日本教育工学雑誌，**27**，377-385.
大谷和大・中谷素之・伊藤崇達・岡田　涼（2012）．学級の目標構造は自己価値の随伴性の効果を調整するか．教育心理学研究，**60**，355-366.

問1：高校生において,「大学進学に対する意識」(以下,進学意識)が,「1日の勉強時間(分)」(以下,勉強時間)にどのように関係するかを調べるため,50校の高校,各校30名ずつの生徒に対して質問紙調査により調査を行いました(「進学意識」については,大学進学に対する重要性を0～50点で自己評定)。このデータについて,「進学意識」を独立変数,「勉強時間」を従属変数,階層を各高校として,ランダム係数モデルによるマルチレベル分析を行ったところ,以下のような結果を得ました。以下の①～⑤に答えてください。

表1　質問紙調査の結果

	母数	推定値	標準誤差	t値	p値
固定部	切片 全体	102.21	4.78	21.39	.00
	傾き 全体	1.82	0.15	12.18	.00
ランダム部	分散 切片 (標準偏差)	1,036.17 (32.19)	—	—	—
	分散 傾き (標準偏差)	0.98 (0.99)	—	—	—
	相関 切片, 傾き	−.75	—	—	—
	誤差分散 (標準偏差)	380.25 (19.50)	—	—	—

① データ全体の切片の大きさを求めてください。

② データ全体の傾きの大きさを求めてください。

③ 切片には階層の影響はあるといえるでしょうか。

④ 傾きには階層の影響はあるといえるでしょうか。

⑤ 切片と傾きにはどのような関係が見られるでしょうか。

読解力に対する学校の影響2
——マルチレベル分析の応用

第4章

本章では，前章に紹介したモデルに基づいて，2つの発展的なマルチレベルモデルについて学習します。1つめは，独立変数が2つ以上あるときのモデルです。もう1つは，係数に関する回帰モデルと呼ばれるモデルです。

4.1 独立変数が2つ以上の場合 —— 重回帰モデル

第3章では，従属変数である文章読解テストに対して，独立変数は読書時間の1つだけのモデルを扱いました。しかし，実際の研究場面では，独立変数が2つ以上あることが多いのではないでしょうか。独立変数が2つ以上あるときの回帰分析を，重回帰分析（本シリーズ第3巻も参照してください）と呼びます。マルチレベル分析でも，同様のモデルを構築することができます。第3章で扱った読書時間と文章読解テストのデータに，「漢字テスト」および「各小学校で読書指導を行っているかどうか」の，2つの変数を追加します。漢字テストは0〜100点で得点化し，読書指導については，行っていない小学校を0，行っている小学校を1としています（表4-1）。

表4-1 漢字テストと読書指導を追加したデータ（仮想データ）

児童番号	学校番号	読書時間	文章読解テスト	漢字テスト	読書指導
1	1	70	22	69	0
2	1	74	21	71	0
3	1	41	30	44	0
〜	〜	〜	〜	〜	〜
1499	30	39	51	68	1
1500	30	53	59	61	1

まずは「読書時間」という独立変数に加えて，「漢字テスト」の得点をもう一つの独立変数として，モデルを構築してみます。

【フルモデル】

◆レベル1◆
　小学校 j：　$\boxed{読解} = 切片_j + 時間傾き_j \times \boxed{時間} + 漢字傾き_j \times \boxed{漢字} + 誤差$

◆レベル2◆
　小学校 j：　切片$_j$ ＝ 全体切片 ＋ 偏差切片$_j$

　　　　　　：　時間傾き$_j$ ＝ 全体時間傾き ＋ 偏差時間傾き$_j$

　　　　　　：　漢字傾き$_j$ ＝ 全体漢字傾き ＋ 偏差漢字傾き$_j$

［4-①］

［4-①］式のモデルでは，これまでのモデルに加えて，2つめの独立変数 $\boxed{漢字}$（漢字テスト得点）を追加しています。また，$\boxed{漢字}$ には傾きとして漢字傾きがかかっています。さらに漢字傾きは，「データ全体の $\boxed{漢字}$ が $\boxed{読解}$ に与える影響（全体漢字傾き）」と，「各小学校の全体漢字傾きからのズレ（偏差漢字傾き$_j$）」に分解しています。このモデルでは，全体切片，全体時間傾き，そして全体漢字傾きが，固定効果（データ全体で考察する部分）です。また，各小学校の偏差切片，偏差時間傾き，偏差漢字傾き，そして誤差が，変量効果（各小学校に設定し，主に散らばりの大きさを考察する部分）です。

　また，変量効果の偏差切片，偏差時間傾き，偏差漢字傾きについては，それらがどのような関係であるかを示す共分散（相関）を考えます。つまり，切片・時間傾き相関，切片・漢字傾き相関，時間傾き・漢字傾き相関の3つです。たとえば，切片・時間傾き相関は，切片が大きい小学校ほど，時間傾きが大きいのか小さいのかを示す母数です。また，時間傾き・漢字傾き相関は，時間傾きが大きい小学校ほど，漢字傾きが大きいのか小さいのかを示す母数です。このモデルを<u>フルモデル</u>と呼びます。フルモデルの母数を表4-2にまとめました。

　マルチレベル分析では，分析目的に基づいて，分析者がどの切片や傾きを，固定効果と変量効果に分解するのかを決めることができます。たとえば，$\boxed{漢字}$ が $\boxed{読解}$ に与える影響については小学校という階層の影響がないと判断するならば，次の［4-②］式のような漢字テスト固定効果モデルを構築することができます。

【漢字テスト固定効果モデル】

◆レベル1◆
　小学校 j：　$\boxed{読解} = 切片_j + 時間傾き_j \times \boxed{時間} + 漢字傾き \times \boxed{漢字} + 誤差$

◆レベル2◆

　　　　　　　　　　　　　　　　　　　　　　　　　　　　　　　　　　［4-②］

　小学校 j：　切片$_j$ ＝ 全体切片 ＋ 偏差切片$_j$

　　　　　　：　時間傾き$_j$ ＝ 全体時間傾き ＋ 偏差時間傾き$_j$

　このモデルは，変量効果が，偏差切片$_j$，偏差時間傾き$_j$，誤差の3つです。したがって，変量

効果の分散は，切片分散，時間傾き分散，誤差分散の3つです。ただし，変量効果の共分散は，誤差との共分散（相関）を0と仮定するので，切片・時間傾き共分散の1つだけです。

表4-2 フルモデルの母数と意味

	母数	意味
固定効果	全体切片	読書時間が0分で，漢字テストが0点のときの，読解テストの全児童における平均点。
	全体時間傾き	全体において，漢字得点を一定にして，読書時間を1分増やすときの読解テストの増分。
	全体漢字傾き	全体において，読書時間を一定にして，漢字得点を1点増やすときの読解テストの増分。
変量効果	偏差切片$_j$	小学校jの回帰式における切片が，全体切片よりどれくらい大きい（小さい）のか。※分析的関心がないことも
	偏差時間傾き$_j$	小学校jの回帰式における時間傾きが，全体時間傾きよりどれくらい大きい（小さい）のか。※分析的関心がないことも
	偏差漢字傾き$_j$	小学校jの回帰式における漢字傾きが，全体漢字傾きよりどれくらい大きい（小さい）のか。※分析的関心がないことも
	誤差	回帰式によって説明できない残りの部分。実際は，個々の児童のデータは，回帰式に誤差が乗っかって観測されている。※通常は分析的関心がない
変量効果の分散共分散	切片分散	偏差切片の散らばりの大きさ。この分散が大きいと，小学校ごとの回帰式における切片が大きく異なっている。
	時間傾き分散	偏差時間傾きの散らばりの大きさ。この分散が大きいと，小学校ごとの回帰式における時間傾きが大きく異なっている。
	漢字傾き分散	偏差漢字傾きの散らばりの大きさ。この分散が大きいと，小学校ごとの回帰式における漢字傾きが大きく異なっている。
	切片・時間傾き共分散	切片と時間傾きの共変関係を表す母数。この共分散が正だと，切片が大きい小学校ほど時間傾きが大きい。
	切片・漢字傾き共分散	切片と漢字傾きの共変関係を表す母数。この共分散が正だと，切片が大きい小学校ほど漢字傾きが大きい。
	時間傾き・漢字傾き共分散	時間傾きと漢字傾きの共変関係を表す母数。この共分散が正だと，時間傾きが大きい小学校ほど漢字傾きが大きい。
	誤差分散	誤差の散らばりの大きさ。誤差分散が大きいと，モデルによってデータを予測することが難しい。

　［4-①］式のフルモデルと，［4-②］式の漢字テスト固定効果モデルの分析結果を，表4-3に示します。

　前章で説明したように，情報量基準であるAICとBICは，数値がより小さいモデルのほうが，データに対して良く適合していることを意味しています。表4-2から，フルモデルと漢字テスト固定効果モデルは，適合度にあまり大差がありませんが，若干，漢字テスト固定効果モデルのほうが適合が良いことがわかります。

表 4-3 重回帰モデルにおけるマルチレベル分析結果

	母数	フルモデル			漢字テスト固定効果モデル		
		推定値	標準誤差	p値	推定値	標準誤差	p値
固定効果	全体切片	32.68	2.45	.000	32.72	2.45	.000
	全体時間傾き	0.10	0.02	.000	0.10	0.02	.000
	全体漢字傾き	0.12	0.03	.001	0.12	0.03	.000
変量効果	切片分散 (標準偏差)	64.56 (8.04)	47.28	.172	63.69 (7.98)	22.53	.005
	時間傾き分散 (標準偏差)	0.00 (0.06)	0.00	.127	0.00 (0.06)	0.00	.120
	漢字傾き分散 (標準偏差)	0.01 (0.09)	0.01	.372			
	切片・時間傾き共分散 (相関)	0.16 (0.34)	0.24	.493	0.02 (.04)	0.17	.917
	切片・漢字傾き共分散 (相関)	−0.25 (−.36)	0.56	.652			
	時間傾き・漢字傾き共分散 (相関)	−0.00 (−.40)	0.00	.497			
	誤差分散 (標準偏差)	105.38 (10.27)	3.97	.000	106.06 (10.30)	3.95	.000
適合度	AIC	11393.33			11389.38		
	BIC	11430.51			11410.62		

　両モデルの違いは，各小学校の漢字傾きの違いを認めるかどうかですが，フルモデルにおける漢字傾き分散は有意ではありませんでした。このことから，漢字テストの結果が文章読解テストに与える影響については，小学校ごとの違いはないことがわかります。とはいえ，このデータでは，時間傾き分散も有意ではありませんので，読書時間が文章読解テストに与える影響も，小学校ごとの違いはないといえます。

　母数の共変関係については，モデル間で違いが見られました。フルモデルでは，切片，時間傾き，漢字傾きの間で弱い相関が見られましたが，漢字テスト固定効果モデルにすることで（漢字傾きの変量効果を認めないと），切片・時間傾きの相関はほぼ0になっています。

　なお，本節では2つのモデルしか検討していませんが，他にも時間傾きの変量効果を考えないモデルなど，さまざまなモデルを考えることができます。いろいろなモデルを検討して，適合度を参考に最終的なモデルを決めることが必要です。

4.2 係数に関する回帰モデル
――切片と傾きを従属変数とするモデル

　表4-1のデータで，読書指導という質的変数は，「各小学校で読書指導を行っているかどうか」を聞いたものです。この読書指導を，独立変数として追加することを考えてみます。この変数は，読書指導を行っていない小学校は0，行っている小学校は1としてデータ化しています。この変数は，レベル2（小学校）の状態を記述する変数なので，レベル2変数といいます。

なお，これまで説明してきた変数（文章読解テスト，読書時間，漢字テスト）は，すべてレベル1の児童ごとに調べられている変数なので，レベル1変数です。しかし，たとえば，小学校Aが読書指導をしている場合，小学校Aに所属する児童すべての読書指導という変数を1とすればよいので，レベル1変数として用いることもできます。

ここでは，この独立変数「読書指導」を，単に前節の重回帰モデルにおいて，3番目の独立変数として組み込むのではありません。レベル2変数として，レベル2において切片および2つの傾きに影響を及ぼしている，という状況を想定します。具体的には，[4-③]式のようにモデル構築します。

【係数に関する回帰モデル】

◆レベル1◆
　小学校j：読解$_j$ ＝ 切片$_j$ ＋ 時間傾き$_j$ × 時間 ＋ 漢字傾き$_j$ × 漢字 ＋ 誤差

◆レベル2◆
　小学校j：切片$_j$ ＝ 切片$_{切片}$ ＋ 傾き$_{切片}$ × 指導 ＋ 独自切片$_j$
　　　　　　時間傾き$_j$ ＝ 切片$_{時間傾き}$ ＋ 傾き$_{時間傾き}$ × 指導 ＋ 独自時間傾き$_j$
　　　　　　漢字傾き$_j$ ＝ 切片$_{漢字傾き}$ ＋ 傾き$_{漢字傾き}$ × 指導 ＋ 独自漢字傾き$_j$

[4-③]

[4-③]式のレベル1については，前節の[4-①]式と同様です。違いは，レベル2で「傾き × 指導 」という部分を追加したことです。レベル2の切片では， 指導 （読書指導）を独立変数，切片$_j$を従属変数とした単回帰モデルになっています[*15]。

切片$_{切片}$とは何でしょうか。名称がややこしいですね。レベル1では，小学校ごとに回帰モデルを適用しています。つまり，いま扱っているデータでは小学校数が30ですから，30の回帰式があり，切片も30あります。 指導 についても学校ごとに観測しているので，30個のデータがあります。この30個の切片と30個の 指導 について，散布図を描くことができます。

図4-1を見てください。横軸に独立変数の 指導 を，縦軸に従属変数の切片を置いています。そして，各点は小学校を表しているので，点の数は全部で30あります。図の青線のように，この散布図で回帰分析を行うことが，レベル2の切片に関する回帰式の目的です。

回帰分析において，独立変数が0のときの従属変数の平均値が，切片です。すなわち，切片$_{切片}$とは， 指導 が0（＝読書指導をしていない）である小学校の，レベル1切片の平均値です。そして，傾き$_{切片}$とは，独立変数が1増えたとき，すなわち， 指導 が1（＝読書指導をしている）になったときの，従属変数（レベル1切片）の増えた分です。ここでは，たまたま傾き$_{切片}$は，読書指導をしている小学校の，レベル1切片の平均値と解釈できます。そして独自切片は，こ

[*15] レベル2の独立変数を複数用意して，重回帰分析にすることもできます。

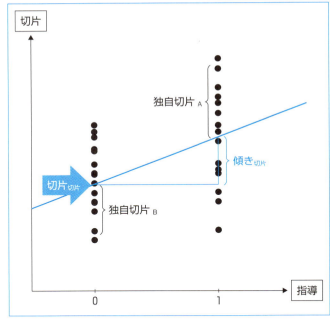

図 4-1　レベル 2 の切片の回帰分析

の回帰式では予測できない，各小学校の切片の独自性の大きさです。

同様に，レベル 1 では時間傾きが，小学校ごとに 30 あります。30 の時間傾きと 30 の指導について散布図の回帰分析を行います。回帰モデルの切片が切片$_{時間傾き}$であり，傾きが傾き$_{時間傾き}$です。このようなモデルを，係数に関する回帰モデルと呼びます。係数に関する回帰モデルの母数については，表 4-4 にまとめました。

係数に関する回帰モデルの変量効果は，独自切片，独自時間傾き，独自漢字傾き，誤差の 4 つです。これらは，個々の値の大きさよりは，散らばりの大きさを検討することに分析の目的があります。これらの値の散らばりの大きさは，切片分散，時間傾き分散，漢字傾き分散，誤差分散として推定します。

また，変量効果のうち，独自切片，独自時間傾き，独自漢字傾きについては，それらの値の共変関係も気にかかるところです。したがって，切片・時間傾き共分散，切片・漢字傾き共分散，時間傾き・漢字傾き共分散を推定します。

ところで，レベル 2 の式をレベル 1 に代入すると，［4-④］式になります。

この式には，指導×時間 という独立変数の積の項が出てきます。独立変数の積の項は，第 2 章で見たように交互作用を表します。したがって，指導×時間 の係数である **傾き$_{時間傾き}$** は，指導 と 時間 の交互作用効果を表しています。［4-④］式には，同様に，指導 と 漢字 の交互作用も出てきています。

表 4-4　係数に関する回帰モデルの母数と意味

	母数	意味
固定効果	切片$_{切片}$	30 の小学校のレベル 1 切片を従属変数，指導を独立変数とした散布図における回帰式の切片。指導＝0（読書指導していない）である小学校の，レベル 1 切片の平均値。
	切片$_{時間傾き}$	30 の小学校のレベル 1 時間傾きを従属変数，指導を独立変数とした散布図における回帰式の切片。指導＝0（読書指導していない）である小学校の，レベル 1 時間傾きの平均値。
	切片$_{漢字傾き}$	30 の小学校のレベル 1 漢字傾きを従属変数，指導を独立変数とした散布図における回帰式の切片。指導＝0（読書指導していない）である小学校の，レベル 1 漢字傾きの平均値。
	傾き$_{切片}$	30 の小学校のレベル 1 切片を従属変数，指導を独立変数とした散布図における回帰式の傾き。指導＝1（読書指導していない）である小学校の，レベル 1 切片の平均値。
	傾き$_{時間傾き}$	30 の小学校のレベル 1 時間傾きを従属変数，指導を独立変数とした散布図における回帰式の傾き。指導＝1（読書指導していない）である小学校の，レベル 1 時間傾きの平均値。
	傾き$_{漢字傾き}$	30 の小学校のレベル 1 漢字傾きを従属変数，指導を独立変数とした散布図における回帰式の傾き。指導＝1（読書指導していない）である小学校の，レベル 1 漢字傾きの平均値。
変量効果	独自切片$_j$	30 の小学校のレベル 1 切片を従属変数，指導を独立変数とした散布図において，回帰式では説明できない小学校 j の切片の大きさ。※分析的関心がないことが多い
	独自時間傾き$_j$	30 の小学校のレベル 1 時間傾きを従属変数，指導を独立変数とした散布図において，回帰式では説明できない小学校 j の時間傾きの大きさ。※分析的関心がないことが多い
	独自漢字傾き$_j$	30 の小学校のレベル 1 漢字傾きを従属変数，指導を独立変数とした散布図において，回帰式では説明できない小学校 j の漢字傾きの大きさ。※分析的関心がないことが多い
	誤差	レベル 1 の回帰式によって説明できない残りの部分。個々の児童のデータは，回帰式に誤差が乗っかって観測されている。※通常は分析的関心がない
変量効果の分散共分散	切片分散	独自切片の散らばりの大きさ。この分散が大きいと，レベル 2 の回帰式で，レベル 1 切片を指導によってうまく予測できないことを意味する。
	時間傾き分散	独自時間傾きの散らばりの大きさ。この分散が大きいと，レベル 2 の回帰式で，レベル 1 時間傾きを指導によってうまく予測できないことを意味する。
	漢字傾き分散	独自漢字傾きの散らばりの大きさ。この分散が大きいと，レベル 2 の回帰式で，レベル 1 漢字傾きを指導によってうまく予測できないことを意味する。
	切片・時間傾き共分散	独自切片と独自時間傾きの共変関係を表す母数。この共分散が正だと，独自切片が大きい小学校ほど独自時間傾きが大きい。
	切片・漢字傾き共分散	独自切片と独自漢字傾きの共変関係を表す母数。この共分散が正だと，独自切片が大きい小学校ほど独自漢字傾きが大きい。
	時間傾き・漢字傾き共分散	独自時間傾きと独自漢字傾きの共変関係を表す母数。この共分散が正だと，独自時間傾きが大きい小学校ほど独自漢字傾きが大きい。
	誤差分散	誤差の散らばりの大きさ。誤差分散が大きいと，モデルによってデータを予測することが難しい。

【係数に関する回帰モデル】

◆レベル1＋2◆

小学校 j：読解$_j$ ＝ 切片$_{切片}$ ＋ 傾き$_{切片}$ × 指導 ＋ 独自切片$_j$ ［4-④］
　　　　　＋（切片$_{時間傾き}$ ＋ 傾き$_{時間傾き}$ × 指導 ＋ 独自時間傾き$_j$）× 時間
　　　　　＋（切片$_{漢字傾き}$ ＋ 傾き$_{漢字傾き}$ × 指導 ＋ 独自漢字傾き$_j$）× 漢字 ＋ 誤差

　［4-③］式のモデルでマルチレベル分析を行った結果を表4-5に示します。なお，AICは11371.52，BICは11440.59でした。傾き$_{切片}$の数値（6.56）から，指導が切片に与える影響が大きいことがわかります。つまり，読書指導を行っている小学校ほど，レベル1において，読書時間が0分で漢字テストが0である児童の読解テストの平均値が，高いといえます。読書指導を行っている小学校のほうが，読書指導を行っていない小学校に比べて，この平均値が6.56点ほど高いということです。ただし，検定の結果，この数値は5％水準で有意ではありませんでした。

　また，傾き$_{時間傾き}$や傾き$_{漢字傾き}$の数値はとても小さく，読書時間の傾きに与える影響はほとんどないといえます。読書指導を行っても，読書時間や漢字テストが，文章読解テストに与える影響が大きくなるとはいえなさそうです。また，変量効果についても，階層の影響があるとは

表4-5　係数に関するモデルにおけるマルチレベル分析結果

	母数	推定値	標準誤差	t値	p値	95％信頼区間 下限	上限
固定効果	切片$_{切片}$	29.38	3.26	9.03	.000	22.68	36.08
	切片$_{時間傾き}$	0.10	0.02	3.91	.000	0.05	0.15
	切片$_{漢字傾き}$	0.08	0.04	1.80	.084	−0.01	0.16
	傾き$_{切片}$	6.56	4.67	1.41	.171	−3.02	16.14
	傾き$_{時間傾き}$	0.01	0.03	0.14	.890	−0.07	0.07
	傾き$_{漢字傾き}$	0.09	0.06	1.47	.153	−0.04	0.21
変量効果	切片分散（標準偏差）	48.04 (6.93)	43.79	1.10	.273	8.05	286.75
	時間傾き分散（標準偏差）	0.00 (0.06)	0.00	1.49	.136	0.00	0.01
	漢字傾き分散（標準偏差）	0.02 (0.07)	0.01	0.65	.513	0.00	0.10
	切片・時間傾き共分散（相関）	0.16 (0.41)	0.22	0.74	.458	−0.27	0.59
	切片・漢字傾き共分散（相関）	−0.35 (−.73)	0.53	−0.66	.511	−1.38	0.69
	時間傾き・漢字傾き共分散（相関）	−0.00 (−.56)	0.00	−0.80	.422	−0.01	0.00
	誤差分散（標準偏差）	105.35 (10.26)	3.97	26.55	.000	97.85	113.42

いえませんでした。このデータについては，小学校という階層の影響はなさそうです。

なお，本節でもすべての母数について，固定効果と変量効果を設定するモデル（フルモデル）を説明しました。しかし，実際には，いくつかの変量効果を設定しないなど，制約を加えたモデルが最もデータに適合する可能性があります。その際は，さまざまなモデルのもとで分析してみて，適合度を参考に最終的なモデルを決めます。

4.3 くり返し測定に対するマルチレベル分析の適用

これまでのマルチレベル分析では，第3章の図3-2に示したとおりレベル1の階層は「児童」という個人が単位となっていました。確かに，多くの調査データでは「個人」がレベル1の階層になるわけですが，必ずしもそうである必要はありません。

たとえば，同一個人に対して，時期を変えてくり返し測定を行った場合を考えてみましょう。このようなデータを，反復測定データや縦断データなどと呼びます。このようなデータでは，レベル1の階層が「時期」，レベル2の階層が「個人」となります（図4-2）。

このような反復測定データや縦断データに対しても，マルチレベル分析はとても有効です。とく

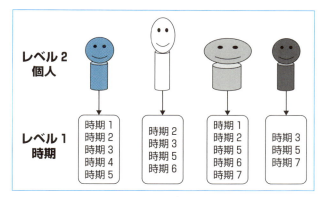

図4-2　くり返し測定データにおける階層

に，従来の多くの統計分析においては，どの個人にも測定の実施時期を同一にする，という条件が必要でした。しかしながら，マルチレベル分析では図4-2にもあるとおり，測定の実施時期が各個人で異なっていても分析を行うことができる点に，大きな特徴があります。

質問コーナー

回帰分析では，従属変数の分散のうち独立変数で説明できる割合を示すものとして，R^2（決定係数）が利用できますが，マルチレベル分析でもR^2を利用できるのでしょうか？

マルチレベル分析では通常のR^2の考えを用いると，①階層ごとにR^2が算出される，②独立変数を追加したときにR^2が減少したり負になるケースがある，など注意が必要になります（Luke, 2004）。スナイデノレスとボスカー（Snijders & Bosker, 1994）では，この点を留意したR^2の計算が提案されており，ルーク（Luke, 2004）では「予測誤差の減少度合い」として，R^2を解釈することについて述べられています。

【文献】

南風原朝和（2002）．心理統計学の基礎——統合的理解のために．有斐閣

Luke, D. A.（2004）*Multilevel modeling*. Sage Publications.

Snijders, T. A. B. & Bosker, R. J.（1994）. Modeled variance in two-level models. *Sociological Methods & Research*, **22**, 342–363.

豊田秀樹編著（2012）．回帰分析入門——Rで学ぶ最新データ解析．東京図書

問1：本章の［4-①］式のフルモデルでの分析に対して，時間（読書時間）が読解（文章読解テスト）に与える影響については，小学校という階層の影響がないという「時間固定効果モデル」について考えるとき，レベル1およびレベル2の式を答えてください。

問2：本章の［4-③］式の「係数に関する回帰モデル」での分析に対して，レベル2変数の指導（読書指導）は漢字（漢字テスト）に影響を与えない（ただし小学校という階層の影響はある）というモデルについて考えるとき，レベル1＋2の式を答えてください。

第5章 1つのテストがいくつの能力を測っているのか——カテゴリカル因子分析

5.1 はじめに

知能とは何でしょうか。たとえば，計算の速さは，知能の高さの一側面だと思います。あるいは，記憶力の良さも，知能の高さの一側面でしょう。そういうことを考えていくと，知的活動の基本である言葉を十分に操る力も知能の一側面ですし，物知りであることも知能の一側面でしょう。

いったい知能にはいくつの側面があるのか，このことは古くから心理学者の関心事でした。ある研究者は2つと言い，ある研究者は9つと言いました。180もあると言う研究者もいました。イギリスの心理統計学者チャールズ・スピアマン（Charles E. Spearman）は，知能にはいくつの側面があるのかを調べる過程で，因子分析を開発しました。その後も，知能が何側面あるのか，あるいは性格は何側面あるのかという心理学者の疑問に応えるべく，アメリカの心理統計学者ルイス・サーストン（Louis L. Thurstone）など，さまざまな研究者が因子分析を洗練してきました。

ところで，順序尺度データは，教育心理学の多くの研究で見られます。「はい・いいえ」や「正答・誤答」のような2値型データや，質問項目でよく用いられるリッカート尺度（本シリーズ第3巻1章を参照）も，順序尺度データです。ただし，リッカート尺度は，統計処理の簡便性から間隔尺度として扱うことが多いです。いま，研究している知能や性格などの構成概念が，いくつの側面をもっているのかを正確に知ることは重要です。しかし，じつは，カテゴリ数が少ない順序尺度データを間隔尺度と見なして因子分析を行うと，正しく因子をとらえることができません。そこで，通常の因子分析ではなく，カテゴリカル因子分析を用いると，この問題を回避することができます。

本章では，カテゴリカル因子分析について説明します。本章の内容は少し難しいです。因子分析の基本的はことは，第3巻2章「因子分析」が詳しいので参照してください。

5.2 順序尺度

私たちがさまざまな状況で測定を行って得た数値データは，そのデータがもつ特徴に応じて，名義尺度，順序尺度，間隔尺度，比率尺度の4つに分類できます。これを測定尺度の水準（第1巻1章を参照）と呼びます。

先にも述べたように，教育心理学でよく扱われる「はい・いいえ」や「正答・誤答」のような2値型データ，また「当てはまる・やや当てはまる・あまり当てはまらない・当てはまらない」のような形式で回答するリッカート尺度のデータは，厳密にいえば「順序尺度」です（図5-1）。順序尺度ですから，本来，データの足し算すら許されません。しかし，それでは平均値すら算出することができません[*16]。それはあまりに不便ですので，カテゴリの等間隔性はある程度満たされているだろうという仮定のもとで，間隔尺度として扱うことがほとんどです。

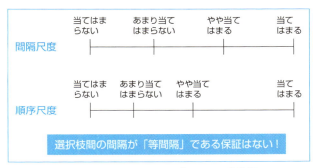

図 5-1　リッカート尺度データの尺度水準

5.3 相関行列と因子分析

本節で，簡単に通常の因子分析についておさらいをしておきます。6つの質問項目（以下，項目とします）について回答データを得たとして，項目間の相関係数を算出することを考えます。このとき，表5-1のような相関行列を得ました。

表5-1の相関行列から，項目1〜3の間，および項目4〜6の間（青い網かけの部分）ではそれぞれ相関係数の値が大きいですが，それ以外の組み合わせ（たとえば項目1と6など）の相関係数は，0に近くなっています。ここから，直接は観測できないけれども，項目1〜3に強く影響を及ぼしている「何か」と，項目4〜6に強く影響を及ぼ

表 5-1　6項目の相関行列

	項目1	項目2	項目3	項目4	項目5	項目6
項目1	1.00					
項目2	.91	1.00				
項目3	.82	.87	1.00			
項目4	.21	.19	.31	1.00		
項目5	.12	.23	.11	.85	1.00	
項目6	.09	.14	.25	.79	.92	1.00

---

*16　間隔尺度に対して割り算をすることはできませんが，平均値の算出には「データの合計をデータの個数で割る」という計算が出てきます。「掛け算，割り算ができない」というのは，あくまで生データに対してです。「データの合計」に対する割り算を行ってもよいのです。

している「何か」を考えます。この「何か」をそれぞれ因子A，因子Bとすると，図5-2のような関係を考えることができます。

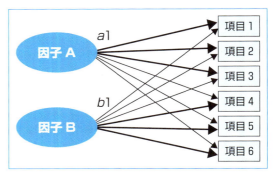

図5-2　因子と項目の関係

図5-2では，太い矢印（因子A→項目1など）を影響力が大きく，細い矢印（因子A→項目4など）を影響が小さいものとして表現しています。ここで，因子Aおよび因子Bを独立変数，各項目を従属変数とする回帰式を考えると，項目1については，[5-①]式となります。

$$\boxed{項目1} = a1 \times \boxed{因子A} + b1 \times \boxed{因子B} + \boxed{誤差1} \qquad [5\text{-}①]$$

ここで，$a1$は，図中にもあるように，因子Aが項目1に与える影響の強さです。因子Aが1大きくなったときの項目1の増分，つまり傾きのことです。同様に，$b1$は，因子2が1大きくなったときの項目1の増えた分です。

図中には示していませんが，式には誤差1があります。これは，項目1の個人差（データのばらつき）が，因子Aと因子Bで完全に説明できるはずはないからです。誤差1は，因子AとBで説明できなかった，残りの項目1のばらつきです。

[5-①]式は，因子Aと因子Bを独立変数とし，項目1を従属変数とした，重回帰分析と同じ形をしています。ただし，通常の回帰式には「切片」という項が出てきますが，ここでは項目1，因子A，因子Bをすべて標準化（平均を0，標準偏差を1とする操作）しているものとして考えてください。このとき切片は0になるので，[5-①]式では切片の項を省略しています。なお，6つの項目について回帰式を表現すると，以下になります。

$$\boxed{項目1} = a1 \times \boxed{因子A} + b1 \times \boxed{因子B} + \boxed{誤差1}$$
$$\boxed{項目2} = a2 \times \boxed{因子A} + b2 \times \boxed{因子B} + \boxed{誤差2}$$
$$\boxed{項目3} = a3 \times \boxed{因子A} + b3 \times \boxed{因子B} + \boxed{誤差3}$$
$$\boxed{項目4} = a4 \times \boxed{因子A} + b4 \times \boxed{因子B} + \boxed{誤差4}$$
$$\boxed{項目5} = a5 \times \boxed{因子A} + b5 \times \boxed{因子B} + \boxed{誤差5}$$
$$\boxed{項目6} = a6 \times \boxed{因子A} + b6 \times \boxed{因子B} + \boxed{誤差6}$$

ここで，たとえば，$a2$は因子A→項目2の傾きです。あるいは，$b4$は因子B→項目4の傾きです。

このように，各項目のデータのばらつきを，項目の背後に仮定した共通の因子によって説明しようとするモデルのことを，因子分析といいます。ただし，ここでは因子数を2として説明していますが，実際に項目群の背後にある因子が何個あるかは，分析してみないとわかりません。

あるいは，因子分析は，各項目を従属変数とし，因子を独立変数とした（重）回帰分析であるといってもよいです。因子分析では，この「各因子 → 各項目の傾き（$a1 \sim a6$ と $b1 \sim b6$）」のことを，因子負荷量と呼びます。この因子負荷量を算出するのが，因子分析の大きな目的の一つです。因子分析はふつう，項目間の相関係数行列（表5-1）から，因子負荷量を計算します[*17]。

5.4 因子分析を順序尺度データに適用するときの影響

ここで，順序尺度データに対して，通常の手続きによる因子分析（相関行列を用いた因子分析）を行ったときに，どのようなことが起こるのかを示します。この例では，カテゴリ数が最も少ない，2の場合を見ていきます。

分析に用いるデータは，20項目からなる英語の学力テストについて，1,000名が受検したときのものです。このとき，各項目について正答であれば1，誤答であれば0と得点化します。このデータの一部を表5-2に示します。

表5-2 英語学力テストのデータ行列（仮想データ）

受検者	項目																			
	1	2	3	4	5	6	7	8	9	10	11	12	13	14	15	16	17	18	19	20
1	1	1	1	1	1	1	1	1	1	1	0	0	1	0	0	1	0	1	1	0
2	1	0	1	1	0	1	1	1	1	0	0	0	0	0	0	0	0	0	0	0
3	0	1	1	1	0	1	1	1	1	0	0	0	0	0	0	0	0	0	0	0
4	1	1	0	1	1	1	1	1	1	1	0	1	0	0	1	0	0	0	0	0
5	1	1	1	1	1	1	1	1	1	1	0	1	1	0	0	0	1	1	0	1
999	1	1	1	0	1	0	1	0	1	1	0	0	0	0	0	0	0	0	0	0
1000	1	1	1	1	1	1	0	1	1	1	0	0	0	0	1	0	0	0	0	0

通常の因子分析の手続きでは，はじめに因子数を決めます。しかし，ふつうは最初から因子数はわかりません。したがって，因子数が2の場合，3の場合，4の場合など，いくつかの因子数のもとで分析して，最適な因子数を決めます。このように因子数を探索しながら行う因子分析を，探索的因子分析（第3巻2章）と呼びます。対して，因子数（やその他の条件）がすでにわかっているときに行う因子分析を，確認的因子分析（第6巻1章）と呼びます。

5.4.1 スクリープロット基準

因子数の決定方法にはいくつかの方法がありますが，よく用いられるのがスクリープロット

[*17] 完全情報因子分析という手法は，相関係数行列ではなく，データ行列から因子負荷量などを計算します（Bock et al., 1988）。

基準（第3巻2章を参照）です。スクリープロット基準では，まず相関行列から固有値を算出します。固有値は項目数と同じ数だけ得られます。つまり，20項目の相関行列（20×20の大きさの行列）からは，固有値は20個求まります。そして，固有値の合計は項目数（ここでは20）と等しくなります。そして，固有値の番号を横軸，固有値の大きさを縦軸としたグラフ（スクリープロット）を描きます。図5-3は，先の20項目のテストデータから相関行列を計算し，その相関行列から得たスクリープロットです。

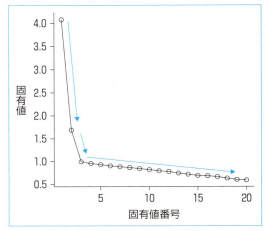

図5-3　スクリープロット（相関行列）

20個の固有値を，大きい順に第1固有値，第2固有値……と呼ぶことにします。相関行列から算出した固有値は，非常に文学的な言い方をすれば，項目何個分の情報をもっているのかを表しています。第1固有値は，およそ4.0なので，4項目分の情報をもっているといえます。スクリープロットを見ると，第1固有値から第2固有値にかけて大きく値が減少し，グラフがほぼ垂直に落ち込んでいます。第2固有値から第3固有値にかけても，大きな固有値の減少を確認できます。そして，第3固有値以降は，固有値がなだらかに減少しています。

スクリープロット基準では，このように固有値がなだらかになる一つ前までの固有値の数を，因子数とします[*18]。この例では，因子数は2になります。つまり，直接観測できないが20項目の背後に原因として存在し，その20項目に強く影響を及ぼす変数は2つある，と考えるわけです。

5.4.2　順序尺度データが相関行列に及ぼす影響

さて，じつはこの英語学力テストデータはある1つの能力，いわば「総合的な英語力」を測定するために実施したものです。したがって，本来であれば，因子数は1つであること

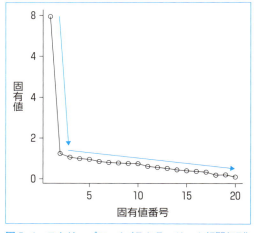

図5-4　スクリープロット（テトラコリック相関行列）

---

*18　スクリープロット基準では，明確な数値基準で因子数を決定するわけではないので，研究者の主観が混入します。もちろん，何らかの統計指標を元に因子数を決定する方法も複数あります。しかし，方法によっては因子の数を多く取りすぎて，あまり意味のない因子を抽出してしまうこともあります。探索的因子分析は，研究目的に照らして十分に妥当な解釈が得られるような結果を得るために，研究者の判断で因子数を決定することもしばしばです。

が望ましかったのです。なぜなら，20項目に強く影響を与える因子の数が1つであれば，その20項目が一丸となって同じ因子（英語学力）を測定できているという証拠になるからです。

しかし，今回の分析はそのような証拠を示しませんでした。代わりに，2つのものを測定しているという証拠が得られてしまいました。これは必然でしょうか。じつはこのデータに対して，後述する<u>テトラコリック相関行列</u>を用いてスクリープロットを描くと，図5-4のようになります。図5-4からは，確かに因子数は1つであると読み取れます。図5-3のスクリープロットにある固有値は，「相関行列（積率相関係数行列[*19]）」から算出したものでした。つまり，図5-3から得られる「因子数＝2」という，想定しなかった結果は必然ではなく，順序尺度データから相関行列を計算した，人為的な操作が影響しているのです。次節からは，順序尺度データに対する相関係数について，詳しく見ていきます。

5.5 2値型データに対する積率相関係数（ファイ係数）

5.5.1　φ（ファイ）係数の算出方法

前節での20項目の英語学力テストの各項目はすべて，正答を1，誤答を0とした，2値型データでした。この中のある項目XとYについて，次の<u>クロス集計表</u>を作ります。

項目Xが0（誤答）で，項目Yも0（誤答）であるデータの度数を，度数$_{00}$とします（2桁の添え字は，1つめを項目Xの反応，2つめを項目Yの反応に対応しています）。また，項目Xが1（正答）で，項目Yが0（誤答）であるデータの度数を度数$_{10}$とし，以下同様に度数$_{01}$と度数$_{11}$も数え上げます。そして，度数$_{00}$と度数$_{01}$を足したものが誤答数$_X$です。同様にすべての周辺度数である正答数$_X$・誤答数$_Y$・正答数$_Y$を算出します。さらに，誤答数$_X$と正答数$_X$を足すと，受検者数（ここでは1,000）になります。また，カッコは度数を受検者数で割った比率を表しています。比率の総和は1.0です。

表 5-3　クロス集計表

		項目 Y		
		0（誤答）	1（正答）	
項目X	0（誤答）	度数$_{00}$ （比率$_{00}$）	度数$_{01}$ （比率$_{01}$）	誤答数$_X$ （誤答率$_X$）
	1（正答）	度数$_{10}$ （比率$_{10}$）	度数$_{11}$ （比率$_{11}$）	正答数$_X$ （正答率$_X$）
		誤答数$_Y$ （誤答率$_Y$）	正答数$_Y$ （正答率$_Y$）	受検者数 (1.0)

さて，項目Xと項目Yの積率相関係数は定義どおり［5-②］式となります。

$$相関_{XY} = \frac{共分散_{XY}}{標準偏差_X \times 標準偏差_Y} \quad [5\text{-}②]$$

[*19] 通常の相関係数のことを，正式には<u>積率相関係数</u>といいます。

ここで，共分散$_{XY}$は項目Xと項目Yの共分散，標準偏差$_X$は項目Xの標準偏差，標準偏差$_Y$は項目Yの標準偏差です。じつは，この式は2値型データのとき，[5-③] 式のように非常に簡単になります（伴走サイト第4巻5章を参照）。

$$\text{共分散}_{XY} = \text{比率}_{11} - \text{正答率}_X \times \text{正答率}_Y \qquad [5\text{-}③]$$

また，第1章の [1-②] 式で見たように，項目XとYの分散は，以下のようになります。

$$\text{分散}_X = \text{正答率}_X \times (1 - \text{正答率}_X)$$
$$\text{分散}_Y = \text{正答率}_Y \times (1 - \text{正答率}_Y)$$

ところで，（1－正答率$_X$）＝誤答率$_X$なので，[5-②] 式の右辺の分母は，以下のようになります。

$$\text{標準偏差}_X = \sqrt{\text{分散}_X} = \sqrt{\text{正答率}_X \times \text{誤答率}_X}$$
$$\text{標準偏差}_Y = \sqrt{\text{分散}_Y} = \sqrt{\text{正答率}_Y \times \text{誤答率}_Y}$$

したがって，[5-②] 式は，[5-④] 式のように簡単に表現することができます。

$$\phi\text{係数} = \frac{\text{比率}_{11} - (\text{正答率}_X \times \text{正答率}_Y)}{\sqrt{\text{正答率}_X \times \text{誤答率}_X \times \text{正答率}_Y \times \text{誤答率}_Y}} \qquad [5\text{-}④]$$

このように，積率相関係数は，2値型データのとき，計算が非常に簡単になります。また，このときの相関係数を特別にϕ（ファイ）係数と呼びます。ϕとは，ローマ字のfに対応するギリシャ文字です。実際に，表5-4のクロス集計表から，ϕ係数を計算してみましょう。

表5-4 計算例用クロス集計表（カッコ内は比率）

		項目Y		
		0（誤答）	1（正答）	
項目X	0（誤答）	30 (0.3)	10 (0.1)	40 (0.4)
	1（正答）	20 (0.2)	40 (0.4)	60 (0.6)
		50 (0.5)	50 (0.5)	100 (1.0)

項目Xについて見ると，周辺度数の値が正答数が60人，誤答数が40人ですから，正答率$_X$と誤答率$_X$は，それぞれ，0.6と0.4です。したがって，標準偏差$_X$は以下のとおりです。≒は「ほぼ等しい」という意味です。

$$\text{標準偏差}_X = \sqrt{0.6 \times 0.4} = \sqrt{0.24} \fallingdotseq 0.49$$

同様に項目Yについて，正答率$_Y$と誤答率$_Y$は，それぞれ0.5と0.5なので，項目Yの標準偏差は0.5（$=\sqrt{0.5 \times 0.5}$）となります。最後に，項目Xと項目Yの共分散は以下になります。

$$共分散_{XY} = 0.4 - 0.6 \times 0.5 = 0.1$$

これを［5-②］式に代入すると，以下になります。

$$相関_{XY} = \frac{0.1}{0.49 \times 0.5} \fallingdotseq .41$$

5.5.2　φ係数の最大値・最小値

2値型データどうしの積率相関係数をφ係数と呼んでいるだけで，φ係数は相関係数そのものです。したがって，φ係数の最小値は－1，最大値は＋1となるはずです。しかし，<u>φ係数は，正答率の値によって，とりうる最大値と最小値が制限を受けてしまう</u>のです。たとえば，先の表5-4のクロス集計表において，正答率を固定し（誤答率も1－正答率なので，自動的に固定されます），各セルの比率はわからないとします（表5-5①）。

このように，正答率を固定したクロス集計表で，φ係数が最小になるのはどんなときでしょうか。これは，表5-5②のようなときで，φ係数は－.82となり，どんなにがんばって数値を操作しても，これ以上φ係数を小さくすることはできません（－1.0になりません）。同様に最大値は表5-5③のようなときで，φ係数は.82となり，やはり，1.0には届きません。

この結果は，2項目の正答率が，相関係数（φ係数）の最大値と最小値を制限していることを示しています。当然ですが，項目の正答率はさまざまです。難しい項目もあれば，易しい項目もあります。その項目の難易度によって，相関係数のとりうる最大値と最小値が影響を受けます。

とくに，表5-6のように項目Xと項目Yの正答率に大きな差がある場合，φ係数は，どんな

表5-5　正答率を固定したクロス集計表

① 正答率を固定

項目X		項目Y		
		0（誤答）	1（正答）	
	0（誤答）	?	?	0.4
	1（正答）	?	?	0.6
		0.5	0.5	1.0

② φ係数が最小

項目X		項目Y		
		0	1	
	0	0.0	0.4	0.4
	1	0.5	0.1	0.6
		0.5	0.5	1.0

③ φ係数が最大

項目X		項目Y		
		0	1	
	0	0.4	0.0	0.4
	1	0.1	0.5	0.6
		0.5	0.5	1.0

にがんばっても数値を操作しても，最大値は.167（最小値は−.667）にしかなりません。反対に，正答率の差が小さくなるほどφ係数の最大値は大きくなり，2項目の正答率が等しいときにのみ，φ係数は1.0となることができま

表5-6　平均値差が大きい場合のクロス集計表

		項目Y		
		0（誤答）	1（正答）	
項目X	0（誤答）	0.1	0.7	0.8
	1（正答）	0.0	0.2	0.2
		0.1	0.9	1.0

す。また，項目Xの正答率と項目Yの誤答率が等しいときにのみ，φ係数は−1.0となることができます。

5.6 項目の平均値が因子分析に与える影響

5.6.1 相関係数への影響

　正答率が相関に与える影響については，2値型データだけでなく，カテゴリ数の少ない順序尺度データについても当てはまります。ここからは正答率ではなく，より一般的な表現として，平均を用います。正答・誤答の2値型データのとき正答率＝平均ですが，3値や4値のときに正答率といえないからです。同様に，φ係数も相関係数と呼ぶことにします。

　この項目平均値が，相関係数の最大値・最小値に大きく関与するという事実が，5.4節で見たような因子数の決定に大きく影響しています。実際に，5.4節で用いた20項目の平均値を，表5-7に示します。

　表5-7からもわかるとおり，項目1〜10までの平均値は非常に高く，項目11〜20の平均値は非常に低いです（この例は説明のために極端な平均値の配置にしています。実際のテスト場面では，このようにひどく2極化するように項目選抜をすることはまずありません）。

　平均値差が小さい2項目の相関係数の最大値は大きくなり，平均値差が大きい2項目の相関係数の最大値は小さくなるのだから，項目1〜10の間の相関係数，および項目11〜20の間の相関係数は，大きい値を示す

表5-7　20項目の平均値（正答率）

	平均値		平均値
項目1	0.908	項目11	0.184
項目2	0.809	項目12	0.141
項目3	0.866	項目13	0.146
項目4	0.814	項目14	0.182
項目5	0.850	項目15	0.181
項目6	0.833	項目16	0.180
項目7	0.870	項目17	0.130
項目8	0.776	項目18	0.166
項目9	0.842	項目19	0.182
項目10	0.808	項目20	0.143

傾向があります。一方で，たとえば項目1と項目11の相関係数は，表5-7の例から考えると，最大でも.17程度にしかなりません（実際の相関係数は.10でした）。

　このことから，「平均値が高いか低いか（項目が易しいか難しいか）」ということが相関係数に影響し，相関行列を分析して得られる因子の抽出にも，影響してしまうことになるのです。実際，図5-3が示すように，このデータからは2因子が抽出されました。これは，項目1〜10

が1つの因子を構成し，項目11〜20がもう1つの因子を構成しているからです。

5.6.2 因子負荷量への影響

相関行列を分析することによる影響は，因子数だけではなく，因子負荷量にも及びます。当初の想定どおりに，因子数を1として因子分析を行ったときの因子負荷量について，相関係数行列（φ係数行列）を分析したときと，後述のテトラコリック相関行列を分析したときを，表5-8にまとめました。表5-8からわかるとおり，テトラコリック相関行列を分析したときに比べて，相関係数行列を分析したときの因子負荷量がすべて小さい値になっています。つまり，相関係数を用いて因子分析をしてしまうと，因子が各項目に与える影響を過小評価していることがわかります。

次節では，これまで何度か出てきている，このテトラコリック相関係数について見ていきます。

表5-8 因子負荷量比較（因子数＝1）

	φ係数行列	テトラコリック相関係数行列
項目1	0.378	0.664
項目2	0.468	0.670
項目3	0.396	0.630
項目4	0.386	0.560
項目5	0.365	0.563
項目6	0.486	0.749
項目7	0.388	0.600
項目8	0.316	0.447
項目9	0.356	0.524
項目10	0.400	0.587
項目11	0.429	0.627
項目12	0.508	0.801
項目13	0.444	0.662
項目14	0.406	0.580
項目15	0.378	0.567
項目16	0.366	0.519
項目17	0.349	0.535
項目18	0.406	0.594
項目19	0.357	0.500
項目20	0.439	0.652

5.7 テトラコリック相関係数（四分相関係数）

5.7.1 閾値

0か1の値をとる2値型データに対して，次のようなことを考えてみます。2値型の変数Xに対して，その背後に連続量である変数X^*を想定します。そして，この連続変数X^*は，標準正規分布（平均が0で標準偏差が1の正規分布）に従うとします。そして，その連続量X^*上のどこかに，能力を試すハードルのようなものがあるとします。私たちが直接手にできるのは，2値型変数Xの実現値である0か1ですが，X^*がそのハードルを越えたときに1が観測され，越えられなかったときに0が観測されるという仕組みを考えます。このハードルのことを閾値（いきち）といいます。

このことは，高跳びにたとえると理解しやすいです。仮にA君が150 cmの高さ，B君が130 cmの高さを飛び越える能力があったとします（$X_A^* = 150$, $X_B^* = 130$）。そこで，バーの高さが140 cmだったとします。すると，A君はバーを飛び越せるので（$X_A^* \geq$閾値），$X_A = 1$（成功）が観測されます。逆にB君はバーを飛び越せないので（$X_B^* <$閾値），$X_B = 0$（失敗）が観測されます。

2値型データでも同じことを考えます。学力（X*）が閾値を超えれば，その項目に正答（1）し，閾値を超えることができなければ誤答（0）となるわけです（図5-5）。同様に，相関係数を算出するもう一つの変数Yについても，連続変数Y*および，閾値を考えます。

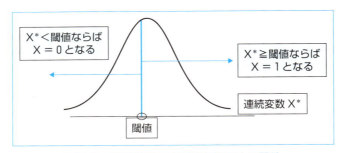

図5-5　2値型変数Xと連続変数X*との関係

5.7.2　2変量正規分布

この連続変数X*とY*が**2変量正規分布**に従うとします。2変量正規分布とは，正規分布を2変量に拡張したものです（図5-6）。また，この2変量正規分布は，X*とY*の相関係数の値によりその形状が変化します。2変量正規分布を真上から眺めて，等しい確率密度を線でつないだもの（地図の等高線をイメージしてください）を，図5-7に示します。

図5-7より，相関係数が0であれば，真上から見たときの形が円になります（図5-7①）。また，相関係

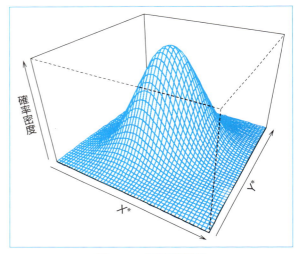

図5-6　2変量正規分布

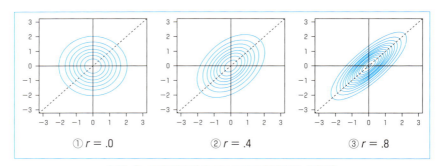

図5-7　2変量正規分布における相関係数の影響

数が正に大きくなるほど，右斜め上がりの楕円が細くなっていきます（図5-7③）。積率相関係数における散布図の関係と同じです。逆に，相関係数が負であると，右斜め下がりの楕円になります。

私たちが手に入れることができる2値型変数XとYのデータから，表5-3のようなクロス集計表を計算することができます。そして，XとYのクロス表から，連続変量X*とY*との相関係数を推定したものを，テトラコリック相関係数（四分相関係数）と呼びます（詳しくは伴走サイト第4巻5章を参照してください）。テトラコリック相関係数は，最尤法を用いて推定します。非常に計算が難しいので，ソフトウェアに任せてよいです。

ここで，先に見た表5-6のクロス集計表に対して，テトラコリック相関係数を計算してみます。φ係数は.167という非常に低い数値（正答率を固定したときの最大値）でしたが，テトラコリック相関係数は.968と非常に高い数値になります。因子分析に用いるのに，この差は非常に大きいことがすぐにわかると思います。

ここまで長い話になりましたが，このように2値型の順序尺度データに対して，相関行列の代わりにこのテトラコリック相関行列を用いて因子分析を行うのが，カテゴリカル因子分析です[*20]。

5.8 ポリコリック相関係数（多分相関係数）

テトラコリック相関係数は，カテゴリ数が2のとき（2値型）の相関係数でした。カテゴリ数が3以上のときは，ポリコリック相関係数（多分相関係数）といいます。ポリコリック相関係

質問コーナー

テトラコリック・ポリコリック相関行列を用いた因子分析を実行するうえで，注意する点はありますか？

因子分析を行う場合には，相関係列が正定値行列となっている必要があります。正定値行列とは，算出される固有値がすべて正である行列のことをいいます。積率相関行列は，標本サイズが項目数より大きければ，正定値行列（相関行列の固有値がすべて正）になります。しかしながら，テトラコリック・ポリコリック相関行列に関しては，必ず正定値行列になる保証がありません。このような場合，テトラコリック・ポリコリック相関行列が正定値行列となるように（当然，元の情報をできるだけ損なわないようにして），補正した行列を用いて因子分析を行う必要があります。この補正をスムージングと呼びます（Bock et al., 1988）。

[*20] カテゴリカル因子分析には，テトラコリック相関行列を用いる方法のほかに，項目反応理論（第6章を参照）を拡張した多次元項目反応モデルを利用した「完全情報因子分析」などいくつかの方法があります。テトラコリック相関行列を用いる方法は簡易的な方法でありますが，実用上十分な精度をもっています（Parry & McArdle, 1991）。

数は，テトラコリック相関係数の単純な拡張です。変数Xと変数Yのカテゴリ数が異なっていてもかまいません。そして，変数Xと変数Yのクロス集計表を生み出す連続変数X*とY*の相関係数を，最尤法によって推定したものが，ポリコリック相関係数です（伴走サイト第4巻5章を参照してください）。

5.9 カテゴリ数の影響について

実際に，相関行列を用いた場合と，ポリコリック相関行列を用いた場合とで，因子分析の結果がどの程度異なるのか，カテゴリ数を変化させながら検証してみます。

5.9.1 リッカート尺度を用いた検証

データは，学校生活に対する意識を調査する質問紙です（表5-9）。たとえば，「学校での勉強は楽しい」，「担任の先生に何でも相談できる」などからなる8項目です。（−）がついている項目（項目2, 4, 6, 8）は，逆転項目です。この質問紙について，3件法（当てはまらない・どちらでもない・当てはまる），5件法（当てはまらない・あまり当てはまら

表5-9 学校生活に対する意識調査の項目内容

項目	内容
1	担任の先生に何でも相談できる。
2	教室で苦手な人がいる。（−）
3	友達との交流が楽しい。
4	学校での人間関係に疲れている。（−）
5	学校での勉強は楽しい。
6	家庭学習などの勉強時間が足りない。（−）
7	好きな科目がある。
8	テストのための勉強が苦痛だ。（−）

ない・どちらでもない・やや当てはまる・当てはまる），7件法（当てはまらない・かなり当てはまらない・あまり当てはまらない・どちらでもない・やや当てはまる・かなり当てはまる・当てはまる）のそれぞれの版を用意し，各版ともに1,000名の実験協力者を得たとします。各版のデータ行列は表5-10のようになります。逆転項目については，逆転処理をしています。逆転処理は以下の式のように行います[*21]。最大カテゴリ数は，3件法なら3，7件法なら7です。

表5-10 学校生活に対する意識調査データ（3件法・5件法・7件法）（仮想データ）

受検者	データ1（3件法） 項目								データ2（5件法） 項目								データ3（7件法） 項目							
	1	2	3	4	5	6	7	8	1	2	3	4	5	6	7	8	1	2	3	4	5	6	7	8
1	3	3	1	2	3	1	2	3	3	4	5	3	2	2	2	4	3	4	1	4	1	1	1	5
2	1	3	3	2	1	2	1	3	3	1	5	5	1	3	3	3	7	6	4	5	4	2	3
3	1	3	2	3	2	3	2	2	5	5	5	5	3	4	1	4	3	4	7	6	4	4	5	5
4	3	3	2	2	1	2	1	2	3	5	3	4	3	3	4	3	4	6	6	5	4	2	2
5	3	3	3	3	2	1	1	1	3	2	3	1	4	1	4	4	5	6	6	4	7	5	4	5
999	3	2	2	2	2	2	2	2	3	5	5	3	5	3	3	2	5	1	6	3	2	4	5
1000	3	3	3	3	3	1	2	3	2	1	3	1	2	2	2	3	6	6	6	7	4	3	1	4

[*21] データが「1」から始まっている場合です。「0」から始まっている場合は，「最大カテゴリ数−実際の反応」となります。

逆転処理：最大カテゴリ数 − 実際の反応 ＋ 1

はじめに，各版の項目平均値と標準偏差を，表5-11に示します。表5-11から，どのリッカート件数の版であっても，項目1〜4の平均値が，項目5〜8に比べて若干高くなっていることがわかります。

表5-11　各版の項目平均値と標準偏差

	3件法		5件法		7件法	
	平均値	標準偏差	平均値	標準偏差	平均値	標準偏差
項目1	2.36	0.84	3.50	1.21	4.38	1.97
項目2	2.54	0.63	3.38	1.46	4.45	2.10
項目3	2.27	0.81	3.30	1.53	4.55	1.89
項目4	2.46	0.69	3.32	1.43	4.68	1.87
項目5	1.85	0.73	2.78	1.29	3.38	1.91
項目6	1.89	0.76	2.66	1.23	3.46	2.07
項目7	1.89	0.66	2.64	1.16	3.45	2.16
項目8	1.76	0.90	2.74	1.39	3.43	1.95

5.9.2　積率相関行列およびポリコリック相関行列を用いた検証

次に，リッカート件数ごとの積率相関行列，およびポリコリック相関行列を，表5-12に示します。各表の対角線より右上の三角部分（上三角要素）が**積率相関係数**，下三角要素が**ポリコ**

表5-12　学校生活意識調査の相関行列

① 3件法データ（下三角要素がポリコリック相関，上三角要素が積率相関）

	項目1	項目2	項目3	項目4	項目5	項目6	項目7	項目8
項目1	1.00	0.25	0.14	0.24	0.01	0.05	0.10	0.05
項目2	0.35	1.00	0.20	0.24	0.04	0.02	0.10	0.04
項目3	0.20	0.27	1.00	0.21	0.09	0.03	0.07	0.00
項目4	0.33	0.32	0.28	1.00	0.05	0.08	0.01	0.03
項目5	0.01	0.05	0.11	0.07	1.00	0.18	0.23	0.24
項目6	0.06	0.03	0.04	0.11	0.22	1.00	0.22	0.18
項目7	0.14	0.13	0.10	0.02	0.28	0.27	1.00	0.24
項目8	0.08	0.05	0.00	0.04	0.31	0.24	0.32	1.00

② 5件法データ（下三角要素がポリコリック相関，上三角要素が積率相関）

	項目1	項目2	項目3	項目4	項目5	項目6	項目7	項目8
項目1	1.00	0.36	0.30	0.35	0.16	0.10	0.13	0.11
項目2	0.41	1.00	0.27	0.27	0.11	0.07	0.07	0.04
項目3	0.34	0.33	1.00	0.28	0.08	0.08	0.07	0.09
項目4	0.40	0.31	0.33	1.00	0.07	0.10	0.06	0.06
項目5	0.18	0.13	0.09	0.09	1.00	0.29	0.32	0.29
項目6	0.12	0.08	0.09	0.11	0.32	1.00	0.33	0.29
項目7	0.15	0.09	0.08	0.07	0.36	0.38	1.00	0.30
項目8	0.12	0.04	0.10	0.07	0.33	0.34	0.35	1.00

③ 7件法データ（下三角要素がポリコリック相関，上三角要素が積率相関）

	項目1	項目2	項目3	項目4	項目5	項目6	項目7	項目8
項目1	1.00	0.30	0.34	0.38	0.13	0.11	0.06	0.13
項目2	0.33	1.00	0.27	0.32	0.13	0.09	0.06	0.10
項目3	0.37	0.30	1.00	0.46	0.14	0.14	0.11	0.11
項目4	0.42	0.35	0.49	1.00	0.17	0.11	0.07	0.09
項目5	0.14	0.11	0.15	0.19	1.00	0.32	0.29	0.37
項目6	0.13	0.11	0.16	0.13	0.35	1.00	0.23	0.27
項目7	0.07	0.07	0.13	0.09	0.33	0.26	1.00	0.31
項目8	0.14	0.11	0.12	0.10	0.40	0.30	0.33	1.00

リック相関係数です。どの項目間の数値を見ても，積率相関係数はポリコリック相関係数よりも，0に近い数値になっていることがわかります。たとえば，3件法データの項目1と項目2の積率相関係数は0.25ですが，ポリコリック相関は0.35です。そして，数値のズレは，件数が大きくなるほど小さくなります。7件法データでは，項目1と項目2の相関は0.30であり，ポリコリック相関は0.33となっていて，違いはわずかです。

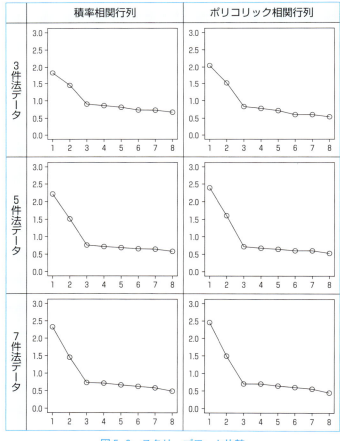

図 5-8　スクリープロット比較

この相関行列およびポリコリック相関行列を分析して得たスクリープロットを図5-8に示します。今回のデータでは，どの版においても，またどちらの相関行列を用いても，スクリープロットに大きな差は見られず，このデータが2因子構造であることを示しています。しかし，第1固有値の大きさは，ポリコリック相関行列を分析したほうが大きくなっています。

5.9.3 因子負荷量による検証

最後に，因子負荷量と因子間相関係数について，リッカート件数および相関係数のタイプごとにまとめたものを，表5-13に示します。因子数は2，推定方法は最尤法，因子の回転方法はプロマックス法（第3巻2章を参考）を使用しました。

各表について，まず因子負荷量を見てみます。すべての結果に共通しているのは，因子1から項目1〜4への因子負荷量が大きく，因子2から項目5〜8への因子負荷量が大きい，という構造を示していることです。このように，各項目が1つの因子からしか強く影響を受けていない状態を，<u>単純構造</u>といいます。

表5-9の質問項目を見ると，項目1〜4は，担任の先生や友人などの「人間関係」に関する項目，項目5〜8は，「勉強」に関する項目になっていますので，因子1が「学校での人間関係因子」，因子2が「勉強因子」として表れたといえます。また，両因子間は.2〜.3の弱い相関関係にあるようです。

利用した相関係数の比較をすると，2値型データのときと同様に，ポリコリック相関行列を用いたときに比べて相関行列を用いたときのほうが，因子負荷量が0に近い値で推定されています。たとえば，3件法データでは，ポリコリック相関行列を分析したとき，「因子1→項目1」の因子負荷量は0.557ですが，相関行列を分析したときは0.460となっています。しかし，その差は選択枝数が多くなるほど小さくなってい

表5-13 因子分析結果比較

① 3件法データ

	3件法			
	積率相関		ポリコリック相関	
	因子1	因子2	因子1	因子2
項目1	0.460	0.016	0.557	0.017
項目2	0.508	0.000	0.599	−0.002
項目3	0.376	0.018	0.428	0.017
項目4	0.508	−0.023	0.575	−0.028
項目5	−0.015	0.465	−0.021	0.520
項目6	0.011	0.390	0.011	0.434
項目7	0.034	0.506	0.048	0.564
項目8	−0.041	0.486	−0.044	0.579
因子間相関	.225		.231	

② 5件法データ

	5件法			
	積率相関		ポリコリック相関	
	因子1	因子2	因子1	因子2
項目1	0.633	0.047	0.670	0.047
項目2	0.547	−0.025	0.600	−0.029
項目3	0.487	−0.004	0.535	−0.005
項目4	0.550	−0.028	0.584	−0.026
項目5	0.051	0.531	0.057	0.554
項目6	0.004	0.543	0.004	0.586
項目7	−0.009	0.597	−0.013	0.637
項目8	−0.010	0.531	−0.015	0.569
因子間相関	.276		.280	

③ 7件法データ

	7件法			
	積率相関		ポリコリック相関	
	因子1	因子2	因子1	因子2
項目1	0.547	0.019	0.574	0.015
項目2	0.451	0.024	0.489	0.009
項目3	0.620	0.014	0.641	0.020
項目4	0.724	−0.034	0.749	−0.028
項目5	0.028	0.610	0.019	0.647
項目6	0.026	0.478	0.032	0.500
項目7	−0.049	0.508	−0.040	0.534
項目8	−0.040	0.611	−0.034	0.622
因子間相関	.350		.347	

きます。たとえば，7件法データの場合では，「因子1→項目1」の因子負荷量が，ポリコリック相関行列を分析したときは0.574ですが，相関行列を分析したときは0.547になっています。

通常，件数が5以上であれば，相関行列を用いたときとポリコリック相関行列を用いたときとで，それほど大きな差は生じないといわれています（萩生田・繁桝，1996）。逆にいえば，件数が4以下のときは，ポリコリック相関行列を用いたほうが良いといえるでしょう。

5.10 まとめ

自分の作成したテストや質問紙が，いくつの側面を測定しているのか気になります。たった1つや2つの側面のみを測定するようにテストや質問紙を作成したとしても，因子分析の結果，因子が3つも4つも出てくることがあります。

そのとき，データが2値型でないか，件数が小さいリッカート尺度でないか確認してください。件数が小さいデータを順序尺度データと見なさずに，連続データと見なして因子分析をしていたとしたら，因子数が多めに出てきた可能性があります。4件法以下だと，とくに注意が必要です。

また，たとえ因子数を正しく推定できたとしても，件数の小さいデータを連続変数と見なした因子分析では，因子負荷量を過小評価しています。順序尺度として分析することで，適切な因子負荷量を推定することができます。

教育心理学研究では，ねらいどおりの因子を，しっかりと測定することがとても重要です。幼児や児童を対象にした研究では，「はい・いいえ」のように，件数を少なくすることも必要になってきます。このような場合，設定した件数という影響を取り除き，ねらいどおりの因子を測定するために，カテゴリカル因子分析が役に立つでしょう。

【文献】

Bock, R. D., Gibbons, R., & Muraki, E.（1988）. Full-information item factor analysis. *Applied Psychological Measurement*, **12**, 261-280.

萩生田伸子・繁桝算男（1996）．順序付きカテゴリカルデータへの因子分析の適用に関するいくつかの注意点．心理学研究, **67**, 1-8.

服部 環（2011）．心理・教育のためのRによるデータ解析．福村出版

Parry, C. D., & McArdle, J. J.（1991）. An applied comparison of methods for least-squares factor analysis of dichotomous variables. *Applied Psychological Measurement*, **15**, 35-46.

芝 祐順（1979）．因子分析法 第2版．東京大学出版会

問1：因子数を決定するために用いる，固有値をプロットしたグラフを何といいますか。

問2：テストの項目数が30であるときに，① 固有値の数，② 固有値の総和はいくつになるか答えてください。

問3：以下のようなクロス集計表について，φ係数の値を求めてください。

表1

		項目Y	
		誤答	正答
項目X	誤答	62	14
	正答	35	89

問4：以下のような周辺度数が固定されたクロス集計表について，φ係数の最大値および最小値を求めてください。

表2

		項目Y		
		誤答	正答	
項目X	誤答	?	?	65
	正答	?	?	35
		85	15	100

問5：テトラコリック相関係数を計算する際に，2つの変数の背後に仮定している分布は何か答えてください。

問6：カテゴリ数が3つ以上の場合に，テトラコリック相関係数に相当するものを答えてください。

第6章 正答数によらないテスト ──現代テスト理論

　第1章では，テスト（心理検査・社会調査票も含む）の作成手順について説明しました。テストで最も大事なことのひとつは，「何を」「どれくらい正確に」測定しているのかを，明らかにすることです。「何を」に関連する部分を妥当性といい，「どれくらい正確に」に関連する部分を信頼性といいます。信頼性については1.7節で解説しました。妥当性については，本シリーズ第6巻4章で詳しく解説しています。

　テストが何をどれくらい正確に測定しているのか，それは通常，テストの作成者が責任をもって説明しなくてはいけません。テストのスペック（仕様）を明らかにしなくては，テストが何を測定しているのかすらわからないことがあるからです。

　テストを科学的に作成したり，運営したりするための統計学的理論を，テスト理論といいます。第1章で見た古典的テスト理論では，テストの精度を信頼性係数というひとつの数値で表現しました。本章で学習する項目反応理論では，テストの精度についてより詳細な情報を得ることができます。また，同じく本章で学習する潜在ランク理論では，受検者の能力についてもより詳細な情報を得ることができます。これらの理論は，古典的テスト理論と対比して，現代テスト理論（modern test theory）といいます。

　現代テスト理論が扱う内容は，テスト作成という大きな流れ（図1-1）の中で，「4. テストの性質を調べるための分析」と「5. 問題・質問項目の選定」に関わってきます。本章では，現代テスト理論による個々の項目の性能評価の仕方，そして，項目の集まりであるテストの性能評価の仕方について解説します。

6.1　項目反応理論

6.1.1　潜在特性値

　おそらく多くの日本人にとって，テスト得点とは，項目ごとに5点などの配点がついていて，正答した項目分だけ足し合わせたもの，つまり（重みづけした）正答数だと認識しているでしょう。実際に，これまでの章で扱ってきた各種のテスト得点も，暗黙に正答数をテスト得点としてきました。とくに第1章で扱った古典的テスト理論は，この正答数得点に基づいた理論です。

しかし，すべてのテストの得点を，正答数に基づいて算出しているわけではありません。よく知られたテストでは，主に欧米諸国の大学に留学する際に求められる英語能力試験のTOEFLや，経済協力開発機構（OECD）による生徒の学習到達度評価（PISA）は，**項目反応理論（item response theory〈以下，IRT〉，項目応答理論**ともいいます）に基づいて運用しています。項目反応理論では，古典的テスト理論とは異なり，いわゆる正答数に基づかないテスト得点の算出を行います。

項目反応理論では，受検者の能力・特性を間隔尺度として表現します。この尺度上で表現される能力・特性を**潜在特性値**（あるいは，**特性値**）と呼び，ギリシャ文字のθ（シータ）で表します。この特性値θは，$-\infty \sim \infty$の範囲をもちますが，通常は受検者の特性値の平均を0，標準偏差を1に定めます（質問コーナーも参照してください）。したがって，特性値θは，実質上，$-4 \sim 4$程度の範囲で表現される値です（図6-1）。

このことから，あえてなじみのある偏差値で表現すると，特性値θと偏差値は，おおまかに表6-1のような対応関係にあると思ってよいです。偏差値でいうと50が平均で，1標準偏差は

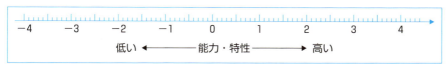

図6-1　特性値 θ

表6-1　特性値（θ）と偏差値のおおまかな対応関係
（特性値θの平均が0，標準偏差が1の場合）

θ	-4	-3	-2	-1	0	1	2	3	4
偏差値	10	20	30	40	50	60	70	80	90

質問コーナー

テストの原点と単位って何ですか？

　多くの日本人は，テストの点はたいてい，0〜100点で評価されると思っているのではないでしょうか。しかし，テストの点は身長や体重のような物理量と違い，頭や心の中にある心理量の大きさを示すものです。したがって，どこを0（原点）とするか，尺度（点の刻みの大きさ）の長さをどの程度にするかを，好きに設定することができます。極端にいえば，テストの得点を$-230 \sim 15$点の範囲に設定したってよいのです（わかりにくいので良くないですが）。

　通常，原点と尺度を自由に決めてよいとき，統計学では，z得点（第1巻3章）のように，平均を0，標準偏差を1.0に調整することが多いです。特性値もその慣例に従い，平均を0とし標準偏差を1.0とすることが多いです。しかし，必ずしも受検者にとってわかりやすい得点ではないので，受検者に得点を返すときは，偏差値のように平均を50とし標準偏差を10などのようにして調整した結果を返すことがほとんどです。

10です。偏差値ではほとんどすべての人の値が，10〜90に入ります。

このθは，英語テストであれば「英語力」であり，外向性の心理テストであれば「外向度」のように，テストによってθが示すものは異なります。たとえば，英語力が高い受検者はθが1.67などのように表現され，低い受検者のθは-2.43などと表現されます。

6.1.2 項目反応曲線

第1章でも見たように，テストで測定している能力・特性（ここでは特性値）が高い受検者ほど，項目に正答する確率は高くなるはずです。項目反応理論では，個々の項目ごとに，この関係を図6-2のようなS字曲線で表現します。図では，横軸に特性値，縦軸に項目への正答確率（確率なので範囲は0から1）をとっています。これを**項目反応曲線（項目特性曲線）**と呼びます。

この項目反応曲線は，[6-①]式にある特性値θの関数を，グラフにしたものです。

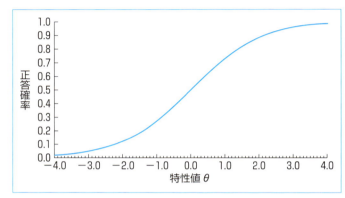

図6-2 項目反応曲線

この関数を，**項目反応関数**（もしくは項目特性関数）と呼びます。

$$P(\theta) = \frac{1}{1 + exp\{-a(\theta - b)\}} \quad [6\text{-}①]$$

正答確率　　　指数関数　傾き母数　位置母数

項目反応関数の右辺には，特性値θのほかに，**傾き母数**a，**位置母数**b，そして**指数関数**（次頁の質問コーナーを参照してください）があります。傾き母数aと位置母数bは，どちらも項目の特徴を示すもので，**項目母数**と呼びます。

[6-①]式には，項目母数として「傾き母数」と「位置母数」の2つを含んでいることから，この式を**2母数ロジスティックモデル**と呼びます。また文献によっては，傾き母数に1.7の定数がかかっている場合もあります（章末の質問コーナーを参照）。

6.1.3 項目母数

図6-2の項目反応曲線は，項目母数の値によって，その位置や形状が変化します。図6-3の2つの曲線は，傾き母数をどちらも1.0とし，位置母数を-1.0と0.0にしたときの項目反応曲線

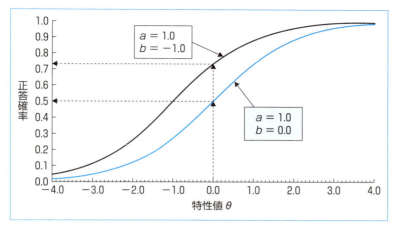

図6-3 位置母数の違いによる項目反応曲線の変化

です。位置母数の数値がとりうる範囲は、特性値 θ と同様に $-\infty \sim \infty$ です。しかし、θ と同様に、実際は $-4 \sim 4$ くらいの値をとります。図6-3から、位置母数の数値が小さいと曲線が左に、数値が大きいと曲線が右に位置することがわかります。

曲線の位置が異なると、特性値の数値が同じでも、正答確率が異なります。図6-3では、特性値が0.0のときに正答確率が、それぞれの項目反応曲線でいくつになるのかを、矢印で示しています。位置母数が0.0の項目では、正答確率が.50になっています。これは、平均的な学力($\theta=0.0$)の人にとって、この項目は正答確率が半々ということです。しかし、位置母数が -1.0 の項目では、θ が0.0の人の正答確率は.73程度になっています。したがって、平均的な学力の人にとっては、割と簡単な項目ということです。

つまり、同じ学力の人で比べたとき、位置母数が小さい項目のほうが正答確率は高くなるので、2つの項目のうち、位置母数が -1.0 の項目のほうが簡単である（容易に正答できる）といえます。つまり、位置母数の数値の大小によって、項目の難易度を表現することができるということです。このことから、位置母数を困難度母数と呼ぶこともあります。

なお、2母数ロジスティックモデルでは、特性値の値＝位置母数のときに、正答確率が.50に

指数関数ってなに？

指数関数 exp(x) は、e の x 乗のことです。e はネイピア数で、約2.718です。たとえば、exp(3) = 2.718^3 のことです。したがって、[6-①] 式の分母に出てくる exp$\{-a(\theta-b)\}$ とは、$2.718^{-a(\theta-b)}$ と同じことです。ただし、ネイピア数は無理数であり、2.7182818…と小数点以下が無限に続きます。無限に続く小数点を書き下すことができないので、$e^{-a(\theta-b)}$ と書きます。まだ右肩の文字が小さくて読みづらいので、exp$\{-a(\theta-b)\}$ とも書きます。

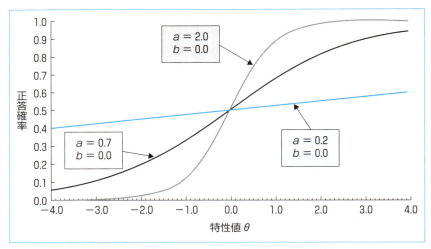

図6-4　傾き母数の違いによる項目反応曲線の変化

なります。たとえば，図6-3の左側の曲線は$b=-1.0$の項目反応曲線です。この項目には，特性値が-1.0である受検者にとって正答確率が.50になっています。

図6-4は，3つの項目反応曲線を描いたものです。ただし，3つの曲線とも位置母数は0.0ですが，傾き母数が0.2，0.7，2.0となっています。この図から，傾き母数の数値が0に近づくと曲線が水平に近づいていき，数値が大きくなるにつれて勾配が急になっていくことがわかります。傾き母数が0のとき，正答確率.50で完全に水平な直線になります。このとき，その項目は特性値の違いをまったく反映しないことになります。なぜなら，学力が高い人にとってもその項目に正答するのは50％であり，学力が低い人にとってもその項目に正答するのは50％となるからです。通常は，傾き母数の範囲は正の値（0を含まない）とします。

6.1.4　分析例

項目反応理論を用いたテスト分析では，各項目の項目母数および，各受検者の特性値を推定することが，大きな目的のひとつです。ここでは，第1章で用いた教育心理学テストのデータに対して，項目反応理論の分析を行います。テストを実施してデータ行列を得た段階では，当然，項目母数も特性値もわかりません。通常，項目反応理論の分析では，項目母数を推定し，その項目母数の推定値を利用して特性値の推定を行う，という手順を踏みます。

表6-2に，2母数ロジスティックモデルにおける項目母数の推定値を示します。SEと書かれた列は，それぞれの推定値の**標準誤差**（standard error）[*22]です（第1章の項目分析で，IT相関が低かった項目12と18は分析から除外しています）。

[*22] 標本が異なると，推定値は変わります。標本を変えるたびに推定値は変わり，その推定値の散らばり具合である標準偏差を，**標準誤差**（第1巻5章を参照）と呼びます。標準誤差は，推定値の精度を表す指標です。

●**項目母数の解釈と項目選抜**● 項目母数の解釈については，位置母数はその数値の大小が項目の難しさを表しますから，理解しやすいでしょう。項目10（$b=-2.48$）や項目18（$b=-2.00$）は，非常に簡単な項目です。たとえば，項目10は，特性値が-2.48（偏差値でいうと25.2）の受検者でも，50％の確率で正答することができます。対して，項目4（$b=0.31$）は相対的に難しい項目です。特性値が0.31（偏差値でいうと53.1）の受検者にとっても，50％の正答率しかないからです。しかし，能力である特性値の母集団平均が0（偏差値でいうと50）であることを考慮すると，それほど難しすぎるという項目ではありません。各項目の位置母数を見ると，全般的にこのテストは，この受検者集団には解きやすかったことがわかります。

表6-2 教育心理学テストデータの項目母数の推定値と標準誤差（SE）

	傾き母数	SE	位置母数	SE
項目1	1.07	0.08	−0.74	0.13
項目2	1.36	0.10	−1.10	0.13
項目3	1.05	0.09	−1.26	0.17
項目4	0.95	0.08	0.31	0.12
項目5	1.36	0.09	−0.30	0.09
項目6	1.24	0.09	−0.15	0.09
項目7	1.89	0.12	−0.69	0.08
項目9	1.79	0.16	−1.84	0.17
項目10	1.58	0.18	−2.48	0.32
項目11	1.84	0.15	−1.64	0.14
項目13	1.48	0.10	−0.60	0.09
項目14	1.22	0.09	−0.20	0.09
項目15	1.38	0.11	−1.27	0.14
項目16	1.85	0.13	−1.08	0.10
項目17	1.36	0.10	−1.22	0.14
項目18	1.04	0.10	−2.00	0.28
項目19	1.41	0.09	−0.16	0.08
項目20	1.39	0.10	−1.03	0.12

一般的に，わが国の学力テストは，テスト項目をおおむね易しい順番に並べます。数学のテストであれば単純な計算問題が，英語のテストであれば単純な語彙や発音問題が先に出てきます。易しい問題を前のほうに呈示することで，受検者をリラックスさせ，肩慣らしにもなるからです。テストを作成するときは，受検者の心理に配慮することも重要です。テスト項目を易しい順にしたいときは，この位置母数で並び替えるとよいでしょう。ただし，項目には，測定している内容の意味的なまとまりがあるので，重要なまとまりは保持するほうがよいです。

傾き母数は，その数値だけから項目の解釈をするのはやや難しいため，実際に項目反応曲線を描いてみるのがよいでしょう。図6-5は，最も識別力が低かった項目4（$a=0.95$）と，最も高かった項目7（$a=1.89$）の項目反応曲線です。項目7は特性値が-0.69（項目7の位置母数のところ）で，曲線の傾きが最も急になっています。これは，この項目が，特性値が-0.69より低い受検者を誤答にし（0を与え），

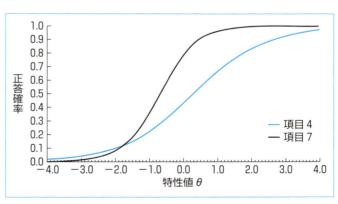

図6-5 項目4と項目7の項目反応曲線

−0.69より高い受検者を正答にする（1を与える）傾向が強いことを意味します。したがって，項目7は，潜在特性値が−0.69付近の受検者を，−0.69より高いのか低いのかを見分ける（識別する）性能が高いといえます。逆に，項目4は勾配がゆるやかなので，識別力が低いといえます。このことから，傾き母数を識別力母数と呼ぶこともあります。

傾き母数があまりにも小さい項目を，テストの中に入れておくのは不適切です。IT相関やIR相関（第1章参照）が低い項目は，傾き母数が小さくなりやすいです。したがって，傾き母数が小さい項目は，テスト全体が測定しようとしている内容を，測ることができていない可能性があります。したがって，いま一度，項目内容などをよく確認して作り替えたり，あるいはテストから外すという措置をとる必要があります。

一般的に，傾き母数がいくつ以下だったら小さいとする，というような基準はありません。しかし，0.4を下回るような項目は，傾き母数が小さいといってよいでしょう。

● 各受検者の特性値の推定 ●　項目選抜がすでに終わっているとします。すると，テストで使った項目はすべて，受検者の特性を測定するのに満足のいく項目ということです。それらの項目の項目母数の推定値を得たならば，いよいよ各受験者の特性値を推定します。特性値の推定にはいくつかの方法がありますが[*23]，ここでは最尤推定値と事後期待値を用いています（表6-3）。

表には，正答数も掲載しています。正答数が高い受検者ほど，特性値が高くなっていることがわかります。ただし，受検者8と9のように，正答数が同一であっても特性値が大きく異なる場合もあります。これは，特性値の計算に，どの項目に正答（誤答）したかという情報を組み込んでいるためです。傾き母数が高い項目に対する正答・誤答情報は，傾き母数の低い項目に対する正答誤答情報よりも，特性値を推定するうえで重要視されています。また標準誤差を見ると，受検者ごとにその値が異なっています。こ

表6-3　特性値と標準誤差（SE）

受検者番号	正答数	特性値			
		最尤推定値	SE	事後期待値	SE
1	10	−0.83	0.37	−0.72	0.35
2	14	−0.01	0.44	0.03	0.41
3	16	0.80	0.61	0.68	0.50
4	16	0.89	0.63	0.74	0.51
5	11	−0.57	0.38	−0.48	0.37
6	15	0.29	0.49	0.29	0.44
7	5	−1.68	0.39	−1.48	0.36
8	17	1.60	0.92	1.10	0.57
9	17	1.09	0.70	0.86	0.53
10	12	−0.27	0.40	−0.20	0.39
399	18	—	—	1.48	0.64
400	14	−0.01	0.43	0.03	0.41

*23　特性値には，最尤推定値，事後期待値や事後最大値などがあります。最尤推定値は，全問正答（全問誤答）の反応をした受検者の特性値が無限大（無限小）になってしまい，特定の数値を割り当てることができません（表6-3の受検者399は全問正答しています）。それに対して，事後期待値や事後最大値は，受検者の事前分布の情報を利用して，全問正答（全問誤答）した受検者の特性値を算出することができます。ただし，事後期待値や事後最大値は，項目数が少ないときに，事前分布の平均値方向にバイアス（偏り）が生じます。バイアスの大きさは事後期待値のほうが小さいので，よく用いられています。

の点が項目反応理論の大きな特徴の一つですので，次の「テスト情報量」の項で見ていきます。

6.1.5 テスト情報量とテスト編集

古典的テスト理論では，クロンバックのα係数のような信頼性係数（第1章参照）で，テストの精度を表現しました。信頼性係数は，1つのテストデータ（データ行列）につき1つ求まります。

それに対して，項目反応理論ではテストの精度を，**テスト情報量**というもので表現します。このテスト情報量は，特性値に対して1つの値が定まるため，横軸を特性値，縦軸をテスト情報量とした，図6-6のような曲線で表すことができます。これを**テスト情報曲線**と呼びます。

テスト情報曲線の値の大きさは，テストとしての精度の高さを表しています。したがって，この教育心理学テストは，特性値が－2.0～0.0あたりの受検者の能力を，精度よく評価することができることがわかります。このテスト情報量の逆数の平方根が，特性値（最尤推定値）の標準誤差になります。

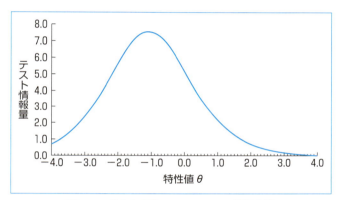

図6-6　教育心理学テストのテスト情報曲線

$$特性値の標準誤差 = \frac{1}{\sqrt{テスト情報量}} \qquad [6\text{-②}]$$

表6-3で，受検者1番の特性値（最尤推定値）は－0.83でした。図6-6で特性値が－0.83のときのテスト情報量を見ると，およそ7.4です。これを［6-②］式に代入すると，以下となり，表6-3の標準誤差の値と一致します。

$$\frac{1}{\sqrt{7.4}} \fallingdotseq 0.37$$

つまり，受検者1番の特性値は－0.83ですが，最尤推定値±標準誤差を考えると，－1.20～－0.46の可能性があるといえます。

テスト情報曲線は，テストにどのような項目を含めるのかによって，その形状が異なります。たとえば，表6-2で，困難度が低いものから5つ（項目9，10，11，15，18）選んだものをテス

ト1，困難度が高いものから5つ（項目4, 5, 6, 14, 19）選んだものをテスト2としたときのテスト情報曲線を，図6-7に示します。

図6-7から，テスト1の情報量のピークは左側に，テスト2のピークは右側に位置しています。つまり，テスト1は特性値が低い部分で精度が

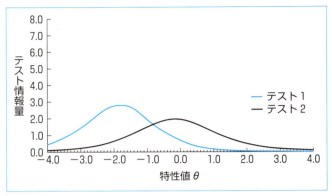

図6-7　テスト情報曲線によるテスト構成

高く，テスト2は特性値が高い部分で精度が高いテストになっているわけです。

このように項目反応理論では，項目母数の値がわかっていれば，どのような項目を選抜してテストを作れば，どれくらいのテストの精度になるのかということを，テスト情報曲線を用いて事前に知ることができます。どのような項目を選抜してテストを作るのかを，テスト編集（test editing）といいます。テストの対象となる受検者集団の特性値を事前に想定できるならば，その特性値付近で山が高くなるように項目を選抜すれば，その集団にとって精度の高いテストを実施することができます。

6.1.6　その他のモデル

これまで見てきた2母数ロジスティックモデルでは，2つの項目母数により，項目の特徴を決定しました。項目反応理論では，2母数ロジスティックモデルのほかにも，さまざまなモデルがあります。正答・誤答のような2値型データに対しては，ほかに1母数ロジスティックモデル（ラッシュモデルとも呼びます）や，3母数ロジスティックモデルをよく用います。

1母数ロジスティックモデルは，2母数ロジスティックモデルの傾き母数を1としたモデルです（すべての項目で，傾き母数を共通の値にする場合もあります）。この場合，図6-8のように，すべての項目反応曲線の傾きが等しくなります。1母数ロジスティックモデルは，言語テストデータの分析でよく用います。

3母数ロジスティックモデルは，2母数ロジスティックモデルにさらに下方漸近母数を追加します。図6-9は，下方漸近母数が0.2と0.35の項

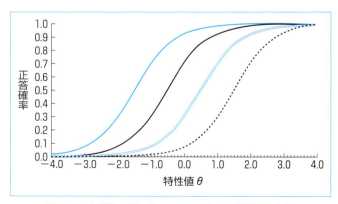

図6-8　1母数ロジスティックモデルの項目反応曲線

目反応曲線です（ともに，傾き母数は1.0で位置母数は0.0）。図6-9からわかるとおり，特性値が低くなるに従い，下方漸近母数の値に曲線が近づいていきます。3母数ロジスティックモデルは，多枝選択形式の項目のように，学力が低くても当てずっぽうで正答する確率が見込まれる場合

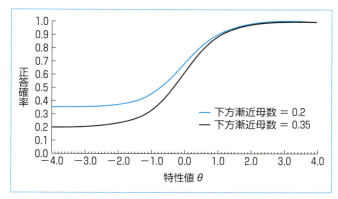

図6-9　3母数ロジスティックモデルの項目反応曲線

によく用います。そのため，下方漸近母数を「当て推量母数」ということがあります。しかし，学力が低い人がいつも当て推量で正答するわけではありませんので，この用語はそれほど用いられなくなっています。

2値型以外のデータに対しても，さまざまなモデルが提案されています。リッカート尺度のような順序性のある多値型項目には，**段階反応モデル**が適用できます。図6-10の左図は，5件法の項目における項目反応曲線です。選択枝の数だけ曲線が描かれ，縦軸はそれぞれの選択枝を選択する確率になります。そして，特性値が高くなるほど，上位の選択枝が選択される確率が上昇する，ということが表現されているモデルです。

また，順序性のない多値型データ（名義尺度データ）に対するモデルが，**名義反応モデル**です。図6-10の右図が，名義反応モデルの項目反応曲線です。段階反応モデルと比べて曲線の形状が複雑になり，項目の特徴を自由に表すことができます。紹介したモデル以外にもさまざまなモデルが提案されていますが，モデルの表現力が高くなるにつれ，項目母数の数も増え，項目の特徴を解釈することが難しくなります。

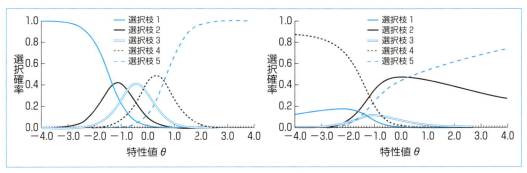

図6-10　段階反応モデル（左図）と名義反応モデル（右図）

6.1.7　項目反応理論が前提とする2つの仮定

これまで見てきた項目反応理論の各モデルでは，項目母数や特性尺度値を推定する際に，

1次元性の仮定と局所独立の仮定の，2つが成り立っている必要があります。以下，それぞれについて見ていきます。

● 1次元性の仮定 ● この仮定は，テストが測定している潜在特性が1つである，というものです。簡単にいえば，英語のテストなのに，英語力のほかに数学力などを測っていてはいけないということです。これは，データを因子分析した結果が，1因子構造となっているといってもよいです。したがって，テトラコリック（ポリコリック）相関係数行列から固有値を算出する，スクリープロット基準（第5章参照）で判断することができます。

なお，テストが2つ以上の特性を測定している場合に対応した項目反応モデルとして，多次元項目反応モデルという応用モデルが存在します。

● 局所独立の仮定 ● 潜在特性値がまったく同じ人にとって，ある項目に対する（正誤）反応が，ほかの項目の反応とは独立である（無関係である）場合に，「局所独立の仮定が成り立っている」といいます。数学的に説明するのは少し難しくなるので，実例を挙げます。

> 問題
> ① x^2+3x+2 を因数分解しなさい。
> ② $x^2+3x+2=0$ となるような x の値を求めなさい。

上記の問題で，②を解くためには①の因数分解が必要になります。したがって，①に正答するかどうかが，②の反応に影響を与えています。このように，ある項目で正解を得るために，他の項目の正解情報を利用するような場合，それらの項目間で，局所独立の仮定が成り立たないことが多いです。

局所独立が成り立っていないときは，ある項目の項目反応曲線が，その他の項目の反応によって変化してしまうことになります。したがって，項目母数の推定を，適切に行うことができなくなります。

テストに含まれる項目間で，局所独立の仮定が成り立っているかどうかを検証するには，Q_3統計量（Yen, 1984）や，G^2統計量（Chen & Thissen, 1997）など，いくつかの統計指標が提案されています。また，実際の項目内容をよく吟味して，局所独立が成り立っているかを検討することもとても重要です。

6.2 潜在ランク理論

項目反応理論では，受検者の能力・特性を間隔尺度である特性値で表現しましたが，これを順序尺度で表現しているのが，潜在ランク理論（ニューラルテスト理論）（荘島，2010）という現代テスト理論です。本節では，潜在ランク理論の概要について述べます。

潜在ランク理論では，受検者の能力・特性を段階評価します。段階評価するための尺度を，**潜在ランク尺度**といいます。潜在ランク尺度は，通常は段階数（潜在ランク数）が5〜20程度です。というのも，潜在ランク理論では，テストは連続得点で評価できるほど解像度が高い測定道具ではなく，5〜20段階で評価するくらいがせいぜいの測定道具である，と考えているからです。

項目反応理論では，項目の特徴を項目反応曲線で表現したのと同様に，潜在ランク理論ではそれを，**項目参照プロファイル（item reference profile：IRP）** で表現します。項目参照プロファイルは，横軸を潜在ランク，縦軸を正答確率としたグラフです（図6-11）。項目反応曲線は単調増加曲線であるのに対して，項目参照プロファイルは図6-11の右上の図のように，潜在ランクが増えても正答確率が減少するような形状を表現することが可能です（ただし，常に単調増加になるような制約をつけて分析することもできます）。項目反応理論における項目母数の代わりに，項目参照プロファイルの形状を要約した指標として，**項目識別度**や**項目難易度**などがあります。

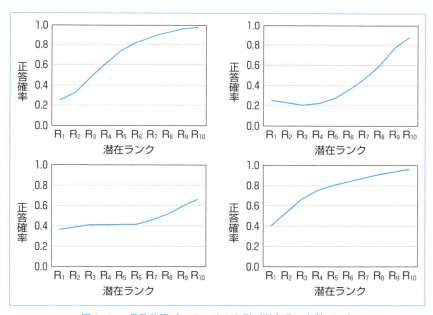

図6-11　項目参照プロファイルの例（潜在ランク数＝10）

また，受検者の能力・特性については，各潜在ランクに所属する確率を示す，**ランク・メンバーシップ・プロファイル（rank membership profile：RMP）** で表現します（図6-12）。各受検者がどの潜在ランクに所属するのかについては，所属確率が最大になる潜在ランクで決定します。

図6-12では，上の2つグラフの受検者について，左右どちらも所属確率が最大になる潜在ランクは5となりますが，左図はランク6の所属確率も高いため，もう少しで1つ上のランクに移行

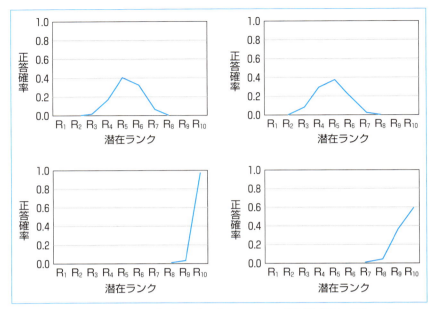

図6-12 ランク・メンバーシップ・プロファイルの例（潜在ランク数＝10）

できる状態であることなどが，グラフから読み取ることができます。また，下の２つのグラフの受検者について，左の受検者は，ランク9に落ちそうもない，ランク10の能力の持ち主ですが，右の受検者はランク9に落ちそうな，ランク10の能力の持ち主といえます。学力や能力の結果を返すとき（フィードバック），左の受検者と右の受検者に返す文言が，変わってくるでしょう。

テストの目的は大きく分けて，選抜場面と診断場面があります。診断場面では，詳細な数値ではなく，大雑把に「良くできている」「あまりできていない」など，少ない数の段階で評価するだけで十分な場合も少なくありません。このような状況において，潜在ランク理論は有用なツールです。

また，潜在ランク理論では，各ランクに応じて何ができて何ができてないのかを示す，**Can-Do チャート**を作ることが重要です。これにより，テストのスタート地点とゴールを明らかにして，各ランクにおける目的を具体化するうえで役に立ちます。

6.2.1 分析例

6.1節で用いた教育心理学テストのデータに対して，潜在ランク理論による分析を行ってみます。潜在ランク数は5としました。潜在ランク数を決定するときには，適合度指標が参考になります。

図6-13は，項目4と項目7の，項目参照プロファイルです。図6-5で見た項目反応曲線

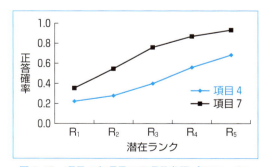

図6-13 項目4と項目7の項目参照プロファイル

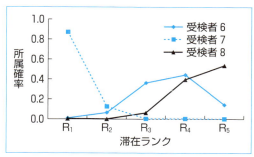

図 6-14　ランク・メンバーシップ・プロファイル

表 6-4　項目の難しさに関する指標

	正答率	IRT 位置母数	項目 難易度 β
項目 1	0.66	−0.74	2
項目 2	0.76	−1.10	1
項目 3	0.75	−1.26	1
項目 4	0.44	0.31	4
項目 5	0.58	−0.30	3
項目 6	0.54	−0.15	3
項目 7	0.69	−0.69	2
項目 9	0.91	−1.84	1
項目 10	0.95	−2.48	1
項目 11	0.88	−1.64	1
項目 13	0.65	−0.60	2
項目 14	0.55	−0.20	3
項目 15	0.79	−1.27	1
項目 16	0.79	−1.08	1
項目 17	0.78	−1.22	1
項目 18	0.85	−2.00	1
項目 19	0.54	−0.16	3
項目 20	0.74	−1.03	1

と比較すると，項目4よりも項目7が簡単な項目であることなどの特徴は一致しています。この項目参照プロファイルには，項目の特徴を要約するための**IRP指標**が，いくつか提案されています。その中でも項目の難しさを示すのが，**項目難易度 β** です。

項目難易度 β は，項目参照プロファイルにおいて，ある正答確率（通常は 0.5）に最も近い潜在ランクの位置で示され，図 6-13 の項目 4 では R_4，項目 7 では R_2 です。表 6-4 に，項目の難しさを示す指標である正答率，項目反応理論における位置母数，項目難易度 β をまとめています。簡単な項目（正答率が高く，困難度が低い）は項目難易度 β が小さく，難しくなるほど項目難易度 β が大きくなることがわかります。

図 6-14 には，受検者 6，7，8 のランク・メンバーシップ・プロファイルを示しています。図 6-14 から，受検者 6 は R_3 から R_4 へと移行が進んでおり，受検者 7 はまだまだ R_1 に停滞している

質問コーナー

【6-①】式の項目反応関数の中に，「D = 1.7」のような定数が入っているものを目にしました。これは何ですか？

当初，項目反応理論では，項目特性曲線として**正規累積モデル**というモデルを利用していました。その後，バーンバウム（Birnbaum, 1968）は，より数学的に取り扱いやすい**ロジスティックモデル**を提案しました。このとき，ロジスティックモデルを正規累積モデルに似させるために，傾き母数に定数 D = 1.7 が掛けられたのです。

D = 1.7 が掛かっているのかいないのかによって，傾き母数の推定値が変わってくるので，項目母数を解釈する場合には，必ずどちらが用いられているのかを確認する必要があります（村木，2011）。

古い文献の多くは 1.7 が掛かっていますが，新しい文献やソフトウェアほど，1.7 がない傾向があります。ひとつには，もはや正規累積モデルと比較することがないことです。もうひとつは，数式はシンプルなほうがよいということです。

こと，そして受検者8は最高ランクであるR_5への移行が進んでいる状況が読み取れます（あるいは，R_4に落ちそうなR_5とも読めます）。このことについては，表6-3に示した素点や特性尺度値の大小とも整合性がありますが，さらに各受検者がどのランクに移行しつつあるのか，もしくは停滞しているのかなどの情報を，詳しく見ることができます。

6.3 まとめ

本章では，現代テスト理論である項目反応理論と，潜在ランク理論について説明しました。現代テスト理論を用いれば，項目単位で望ましい項目とそうでない項目を選別し，望ましくない項目であれば作り直したり，テスト編集において採用しないなどの方針をとることができます。そして，個々の項目のスペックにまで言及することができるので，テストが何を，どのくらい正確に測定しているのかに関して，より踏み込んだ説明を行うことができます。

項目反応理論はテストを科学的に運用するうえで，国内外で非常によく使われています。また，項目反応理論は，テストをコンピュータで実施する[*24]ための，背景理論としても使われています。心理学の領域でも，項目反応理論を用いて心理質問紙を尺度化する事例は，枚挙にいとまがありません。興味のある読者は，加藤ら（2014）を参考にするとよいでしょう。また，コンピュータで行うテストについては，植野・永岡（2009）が参考になります。

潜在ランク理論は歴史が浅く，応用事例は多くありませんが，PROG（河合塾・リアセック，2015）というジェネリック・スキルを測定するテストは，潜在ランク理論を用いて運用しています。また，心理質問紙では，精神的健康調査票（清水・大坊，2014）に適用例があります。

【文献】

Birnbaum, A. (1968). Some latent trait models and their use in inferring an examinee's ability. In F. M. Lord & M. R. Novick (Eds.), *Statistical Theories of Mental Test Scores*. Addison-Wesley. pp. 397-479.
Chen, W. H. & Thissen, D. (1997). Local dependence indices for item pairs using item response theory. *Journal of Educational and Behavioral Statistics*, 22, 265-289.
加藤健太郎・山田剛史・川端一光（2014）．Rによる項目反応理論．オーム社
河合塾・リアセック監修（2015）．PROG白書2015．学事出版
村木英治（2011）．項目反応理論．朝倉書店
清水裕士・大坊郁夫（2014）．潜在ランク理論による精神的健康調査票（GHQ）の順序的評価．心理学研究, 85, 464-473.
荘島宏二郎（2010）．ニューラルテスト理論．植野真臣・荘島宏二郎編　学習評価の新潮流．朝倉書店
豊田秀樹（2012）．項目反応理論［入門編］．朝倉書店
植野真臣・永岡慶三編（2009）．eテスティング．培風館
Yen, W. M. (1984). Effects of local item dependence on the fit and equating performance of the three-parameter logistic model. *Applied Psychological Measurement*, 8, 125-145.

---

*24　コンピュータに基づくテスト（computer-based test：CBT）といいます。

問1：図1の2本の項目反応曲線で，項目Aと項目Bのどちらが難しいでしょうか。

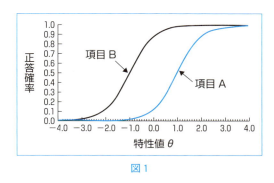

図1

問2：図1の2本の項目反応曲線で，特性値が1.0付近の受検者を見分ける性能が高いのは，項目Aと項目Bのどちらですか。

問3：テストが測定している特性が1つであるという仮定は，何と呼ばれますか。

問4：テスト情報量が25であるとき，特性値（最尤推定値）の標準誤差の値はいくつですか。

問5：潜在ランク理論の能力尺度で仮定されている尺度水準は何ですか。

問6：潜在ランク理論では，受検者の学力は何を用いて診断しますか。

第7章 テストの得点を比較する ――テストの等化

7.1 テストを結ぶ

　第2章では，事前テストと事後テストの得点差を，成績向上点としました。このように，2つ（もしくはそれ以上）のテスト得点を比較したり対応関係を探ることは，教育心理学の研究では頻繁に行います。たとえば，ある教授法の効果を検討するために，教授法の実施前後で学力テストを実施することがあるでしょう。また，臨床心理学の研究では，ある心理療法の効果を検討するために，治療前後で抑うつ質問紙を実施することもあるでしょう。あるいは，10年間で日本人の語彙力がどの程度変化するかを調べるために，日本語の語彙力検査を縦断的に実施することもあります。

　しかし，同じテストを複数回実施するとき，項目内容が同じテストを何度も使い回すわけにはいきません。学力や能力を測定するテストであれば，学習効果があるからです。また，心理質問紙であっても，同じ項目に何度も答えるのは倦怠感が高まります。したがって，同じ特性を測定するけれども，項目内容が異なる，でも得点が比較可能なテスト（質問紙）を用意するとよいです。

　とはいえ，無条件に2つ（以上）のテストの得点を比較できるわけではありません。たとえば，抑うつを測定するために，BDIやSDS，CED-Dといった定評のある心理検査があります。しかし，よって立つ心理学理論が異なるために，測定している抑うつの中身が異なっています。また，知能を測定する検査には，WISCやK-ABC，田中ビネー式検査などがあります。しかし，それらも背景となる心理学理論が異なっているため，知能の定義が異なっています。一口に知能といっても，中身が同一ではないのです。したがって，測定内容が異なるテスト同士を相互に比較するための方法が，必要となってくるわけです。

　複数のテストについて比較したり対応関係を検討することをテスト連結（test linking）といいます。ホランドとドーランス（Holland & Dorans, 2006）は，このテスト連結を，図7-1のように分類しています。

　図7-1の分類で「予測」は，文字どおりテストXの得点を用いて，テストYの得点を予測する場合です。入学試験の得点から，入学後の成績を予測する場合などが当てはまります。この

場合は，Xの得点からYの得点を予測するという「方向性」が存在します。

「尺度の調整」では，テストXの60点はテストYの40点にあたる，というようにテスト得点の関係づけを行うことで，2つのテストの得点を比較可能にします。ただし，尺度の調整で

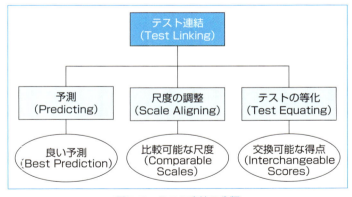

図7-1　テスト連結の分類

は，関係づけられる2つ（以上の）テストの構成概念が異なる場合や，信頼性の大きさが異なる場合など，さまざまなテストを連結する広い概念になります。

たとえば，大学の入学試験で国語と英語が必須受検科目で，3科目めを日本史か世界史で選択できるとしましょう。このとき，3科目の合計点で合否を決めることを一般的に行いますが，日本史テストと世界史テストは同じテストではありません。測定内容も難易度も大きく異なります。そこで，専門家が集まって，学習内容・到達度・難易度を総合的に判断して，日本史テストのP点は，世界史テストのQ点に相当する，というような得点対応表を作ります。このような状況が「尺度の調整」です。

最後のテストの等化（test equating）は，連結する2つのテストの構成概念が等しく，テストの信頼性および難易度もおよそ等しい[*25]ときです。第2章で見た事前テストと事後テストの関係や，1年間に複数回実施しているテストが該当します。テスト等化によって結ばれた2つのテスト得点は，（構成概念が等しいですから）等しい能力水準であることを意味しますので，相互に「交換可能な得点」となります。そのような2つのテストでは，テストXの60点をテストYでも60点としてよい（交換可能），ということです。

構成概念が等しい複数のテスト得点を交換可能にする，というテストの等化は，さまざまな教育場面で必要になってくる方法です。本章では，この「テストの等化（以降，単に等化とします）」の方法について見ていきます。

7.2　等化を行うための条件 —— 等化計画

等化を行って2つ（以上）のテストの得点を相互に交換可能にするためには，それらのテストに何らかの「共通の情報」が必要になります。その共通の情報は，①2つのテストに共通の

[*25] 従来は，等化されるテストの困難度が等しい場合を「水平等化」，困難度が異なる場合を「垂直等化」として，どちらも「等化」として扱われてきました。近年では，困難度が異なる場合は，「垂直尺度化（Vertical Scaling）」として「尺度の調整」に含められるようになっています。

問題項目があること，②2つのテストの両方に共通の受検者がいること，のどちらかになります。このように，共通の情報をもつように設計してテストを実施することを等化計画（equating design）と呼び，前者を共通項目計画，後者を共通受検者計画と呼びます。

7.2.1　共通項目計画

図7-2は，共通項目計画におけるデータ行列です。テストXの後半部分と，テストYの前半部分が，「共通項目」になっています（実際のテストでは，独自項目部分と共通項目部分の配置をきっぱり分けずに，順番をさまざまに入れ替えて構成します）。

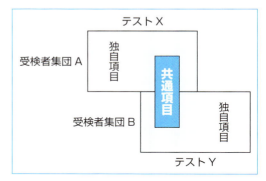

図7-2　共通項目計画

7.2.2　共通受検者計画

図7-3は，共通受検者計画におけるデータ行列です。テストXを受検した受検者集団Aと，テストYを受験した受検者集団Bの間に，両方のテストをどちらも受検した「共通受検者」がいます。この計画では，共通受検者は同時（もしくは測定したい能力が変化しない期間）に，2つのテストを受検する必要があります。

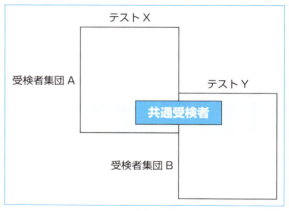

図7-3　共通受検者計画

7.2.3　係留テスト計画

現実のテスト場面では，2つのテスト間に共通項目を混ぜることが難しかったり，共通受検者の確保が難しい場合があります。このようなときに，図7-4のように両方の計画を組み合わせた，係留テスト計画（anchor test design）を用いることもできます。この計画では，両方のテストから一部の項目を抽出し，それらを組み合わせて係留テストを作成します。そして，係留テスト

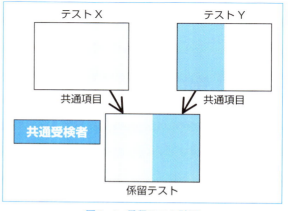

図7-4　係留テスト計画

を，別の受検者集団に対して実施します。

このように，2つのテストに共通する項目か受検者を用意します。そして，その共通部分の情報を利用することではじめて，それら2つのテストを等化することができるのです。

7.3 等百分位法

等化計画を決定し，実際に計画に従ってテストデータを集めた後に，等化の分析を行います。等化の分析手法は，テスト計画により複数の方法があります。本節では，共通受検者計画にて正答数得点を用いて行う，**等百分位（equipercentile）法**について説明します。

等百分位法とは，等化する2つのテストについて，等しい百分位（パーセンタイル。本シリーズ第1巻7章を参照）に対応する，テスト得点を同等のものとする方法です。具体的には，共通受検者計画に従い，等化する2つのテストを同一の受検者集団に実施します。ここでは，50点が満点であるテストXと，40点が満点であるテストYを考えてみます。

まず，それぞれのテストについて，パーセンタイル得点を算出します。表7-1は，両テストのパーセンタイル得点を，5％間隔で算出したものです。表7-1から，同じ百分位に相当する2つの得点の学力を，等しいものとします。たとえば，テストXで上位10％（90パーセンタイル値）に入るには，40点必要です。テストYで上位10％に入るには，30点必要です。2つのテストで上位10％に相当する，テストXの40点と，テストYの30点を，同じ学力と見なしましょうという考え方です。

表7-1の散布図（横軸をテストX，縦軸をテストY）が，図7-5です。各点を結ぶことにより，テストXの得点がテストYの何点に相当するのかを，読み取ることができます。

表7-1 等百分位法による得点対応表

百分位	テストX	テストY	百分位	テストX	テストY
5％	8	5	55％	28	20
10％	11	7	60％	29	21
15％	15	9	65％	30	22
20％	16	11	70％	32	23
25％	18	12	75％	34	25
30％	20	13	80％	36	26
35％	22	15	85％	37	28
40％	23	16	90％	40	30
45％	25	17	95％	41	32
50％	26	19			

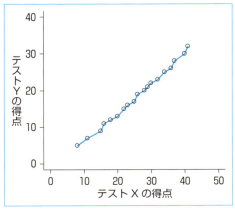

図7-5 等百分位法による得点対応曲線

7.4 項目反応理論を用いた等化法

7.4.1 尺度の不定性と等化係数

テストが項目反応理論（第6章）で尺度化されているならば，等化も項目反応理論で行います。項目反応理論における特性値 θ には，原点と単位の不定性という特徴があります。原点と単位の不定性とは，簡単にいうと「尺度上の0をどこにしてもよいし，尺度の単位（1.0という幅の長さ）をどのような長さにしてもよい」ということです（第6章質問コーナーを参照）。1.0を大きくとれば，10点の中にほぼ全員の能力が入るので，満点を10点にすることができます。逆に1.0を細かくしすぎると，満点を1000点にする必要があります。

項目反応理論では項目の特徴を，[7-①] 式の項目反応関数を用いて，項目反応曲線として表現しました。

$$P(\theta) = \frac{1}{1 + \exp\{-a(\theta - b)\}} \quad [7\text{-}①]$$

[7-①] 式は，2母数ロジスティックモデルです。この中に $a(\theta - b)$ という青字の部分がありますが，ここで a, b, θ それぞれを [7-②] 式のように線形変換してみます。

$$a^* = \frac{1}{K}a, \quad b^* = Kb + L, \quad \theta^* = K\theta + L \quad [7\text{-}②]$$

線形変換とは，もとの尺度の単位を定数倍して，原点をずらすという操作のことです。図7-6は，この関係を図示したものです。[7-②] 式の3つめの式から，たとえば，$K=2, L=1$ のとき，2つの尺度の間には，$\theta=0$ のとき $\theta^*=1$ となり，θ が1大きくなると θ^* が2増える，という関係性があります。

図7-6　尺度の線形変換（$K=2, L=1$ のとき）

さて，[7-①] 式と同様に $a^*(\theta^* - b^*)$ という式を立てて，それぞれに [7-②] 式を代入すると，[7-③] 式となり，線形変換する前と等しくなります。

$$a^*(\theta^* - b^*) = \frac{1}{K} a \times (K\theta + L - Kb - L) \quad [7\text{-}③]$$
$$= a(\theta - b)$$

つまり，項目反応理論では特性値や項目母数について，[7-②] 式のように任意に線形変換を施すことが可能です。これが，原点と単位の不定性と呼ばれる特徴です。つまり，原点をどこに置き，単位の長さをどれくらいにしようとも，本質が変化しないという特徴です。

このように，特性値や項目母数を線形変換しても，項目反応関数が変化しないということは，項目反応曲線の形も変化しないということです。図7-7は，左上の項目反応曲線に対して，$K = 10$, $L = 50$ という変換を施しています。たしかに特性値は変換されていますが，曲線の本質的な形状は変化していないことがわかります。

項目反応理論を用いた等化では，この性質を利用して，等化する2つのテストを「共通の尺度」で表現します。このときに利用する [7-②] 式のKとLを，**等化係数**といいます。簡単にいうと，項目反応理論における等化とは，片方のテストをもう一方のテストの尺度上で表現するための，適切な等化係数を推定することです（等化係数を利用しない等化の方法については，7.4.4節で説明します）。

以降，共通項目計画および共通受検者計画において，等化係数を推定する方法について見ていきます。

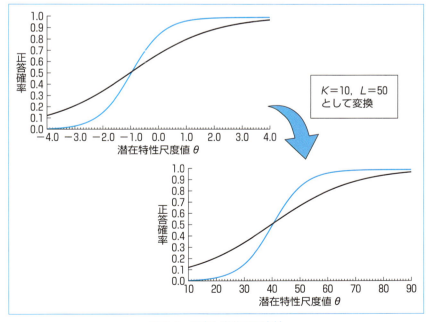

図7-7　原点と単位の不定性

7.4.2 共通項目計画における等化係数の推定

図7-2で示した共通項目計画では，共通項目部分の項目母数の推定値を利用して，等化係数を推定します。図7-2のテストデータで，テストXとテストYを別々に分析すると，共通項目に関しては2通りの項目母数の推定値が得られます。テストXのデータだけを用いて推定された共通項目の母数と，テストYのデータだけを用いて推定された共通項目の母数です。2母数ロジスティックモデルを用いて分析したとすると，共通項目についてはそれぞれ，2通りの傾き母数（傾き母数$_X$と傾き母数$_Y$）と，位置母数（位置母数$_X$と位置母数$_Y$）があります。この2通りの項目母数を用いて，等化係数を推定します。

●**平均＆シグマ法**● 平均＆シグマ法（Marco, 1977）は，位置母数$_X$と位置母数$_Y$のそれぞれの平均と標準偏差を用いて，等化係数を推定する方法です。テストYをテストXの尺度上に等化するとき（等化の方向がY→Xのとき），等化係数を以下の式で推定します。

$$K = \frac{位置母数_Xの標準偏差}{位置母数_Yの標準偏差} \qquad [7\text{-}④]$$

$$L = 位置母数_Xの平均 - K \times 位置母数_Yの平均 \qquad [7\text{-}⑤]$$

計算手順は，はじめに［7-④］式を用いて等化係数Kを推定します。そして，Kの推定値を用いて［7-⑤］式で等化係数Lを推定します。

KとLを求めたら，テストYの共通項目以外の，独自項目の傾き母数と位置母数のすべてに対して，［7-⑥］式のような変換を行います。

$$a_{Y \to X} = \frac{a_Y}{K}, \quad b_{Y \to X} = K \times b_Y + L \qquad [7\text{-}⑥]$$

すると，テストYの項目母数を，テストXの尺度上の母数に変換することができます。$a_{Y \to X}$と$b_{Y \to X}$は，テストYからテストXの尺度上に等化された，傾き母数と位置母数という意味です。

●**ハエバラの方法**● ハエバラ（Haebara, 1980）の方法は，テストXの共通項目の項目母数（傾き母数$_X$と位置母数$_X$）と，テストYの共通項目の項目母数（傾き母数$_Y$と位置母数$_Y$）に，等化係数による変換を施した項目母数（傾き母数$_{Y \to X}$と位置母数$_{Y \to X}$）とで描かれる，項目反応曲線間のズレ（図7-8の青い部分）を，すべての共通項目について2乗して足し合わせて求めます。そして，このズレが最小となるときのK, Lの値を，推定値とします[*26]。

平均＆シグマ法では，位置母数の情報しか取り入れていないのに対して，ハエバラの方法で

第7章 テストの得点を比較する——テストの等化　101

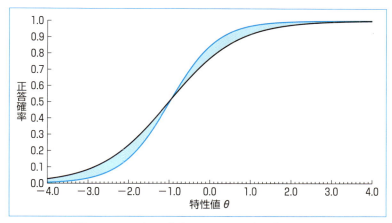

図7-8　ハエバラの方法による項目反応曲線間のズレ

は傾き母数も含めているため，より多くの情報を用いて等化係数の推定を行っています。

●**ストッキング＆ロードの方法**●　この方法（Stocking & Lord, 1983）は，ハエバラの方法と非常によく似ています。ハエバラの方法では，各共通項目の項目反応曲線間のズレを計算してから，共通項目分だけ足し合わせました。それに対してこの方法は，テストXの共通項目の項目反応関数を足し合わせたテスト反応関数と，テストYの共通項目の項目反応関数（このときの項目母数は，項目母数$_{Y \to X}$を使う）を足し合わせたテスト反応関数を計算し，そのズレを最小にしようとします。

●**数値例**●　実際に，図7-2のような共通項目計画のテストデータに対して，等化係数を推定してみます。用いるデータは，テストX, Yともに30項目からなり，テストXは項目1〜10が独自項目，項目11〜30が共通項目です。テストYは，はじめの20項目（項目11〜30）が共通項目で，残る10項目（項目31〜40）が独自項目となっています（図7-9）。テストX, テストYともに，受検者人数は500名です。

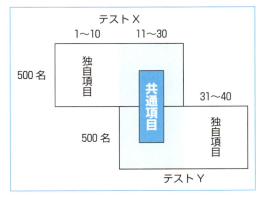

図7-9　共通項目等化用テストデータ概要

このテストデータに対して，テストXのデータ部分だけを用いて，項目1〜30の項目母数を推定します。同様にテストYのデータだけを用いて，項目11〜40の項目母数も推定します。共通項目である項目11〜30の項目

---

*26　より詳細には，項目母数$_Y$と項目母数$_{X \to Y}$から描かれる項目特性曲線間のズレも計算し，さらに特性尺度値の母集団分布により重みづけしたものを最小にするK, Lを求めます。

母数は2通り得られ，表7-2のようになりました。

平均&シグマ法のために，各テストの位置母数の平均値・標準偏差を求めると，テストXの平均値が−0.025，標準偏差が0.897となり，テストYの平均値が−0.349，標準偏差が0.814となります。この数値を［7-④］［7-⑤］式に代入すると，$K=1.103$，$L=0.359$となります。なお，$K=1.0$，$L=0.0$のとき，もともと2つのテストの尺度が，等化するまでもなく同一であったことを示しています。平均&シグマ法に加えて，ハエバラの方法およびストッキング&ロードの方法で推定された等化係数をまとめたものが，表7-3になります。

平均&シグマ法は，傾き母数の情報を用いてはいませんが，他の2つの方法と比べても，大きな差異は見られませんでした。

等化係数を得たら，［7-②］式を用いて，等化後の項目母数を算出します。対象となる項目は，テストYの独自項目である，項目31〜40です。共通項目である項目11〜30については，テストYにおける項目母数（表7-2の右2列）に対して，［7-②］式により，等化後の項目母数を得ることもできます。その場合，テストXで得られた項目母数と，テストYで得られた項目母数を等化したものの，2種類の項目母数が得られることになり，たとえば2つの平均値（傾き母数については幾何平均）を利用することも可能ですが，一般的にはテストX（等化されるほうのテスト）の項目母数をそのまま用います。

テストYの独自項目部分（項目31〜40）について，等化前の項目母数と，ハエバラ法による等化係数（$K=1.154$，$L=0.395$）を利用した等化後の項目母数を，表7-4に示します。たとえば，項目31の等化後の識別力母数と困難度母数は，それぞれ，0.386と−0.135ですが，［7-②］式を用いて，以下のようにして求めています。

$$a_{Y \to X} = \frac{a_Y}{K} = \frac{0.446}{1.154} = 0.386$$

$$b_{Y \to X} = Kb_Y + L = 1.154 \times (-0.459) + 0.395 = -0.135$$

最後に，受検者の能力を示す特性値についても，［7-②］式による変換を行います。対象と

表7-2 共通項目の項目母数一覧

項目番号	テストX		テストY	
	識別力	困難度	識別力	困難度
11	0.451	0.496	0.603	0.224
12	0.297	−1.181	0.252	−1.235
13	0.789	−0.145	0.832	−0.303
14	0.739	−0.665	0.844	−1.108
15	0.752	1.072	0.657	0.826
16	0.429	0.995	0.721	0.267
17	0.632	0.789	0.547	0.533
18	0.816	−1.486	0.959	−1.414
19	0.425	1.294	0.554	0.764
20	0.741	−0.372	1.050	−0.598
21	0.674	−0.535	0.717	−1.006
22	0.614	−0.785	0.655	−1.167
23	0.807	−0.303	0.854	−0.637
24	0.734	−1.440	0.693	−1.861
25	0.653	0.013	0.853	−0.449
26	0.573	0.779	0.762	0.325
27	0.599	1.278	0.551	0.992
28	0.567	0.240	0.547	0.067
29	0.333	−1.200	0.466	−1.121
30	0.618	0.650	0.836	−0.075

表7-3 共通項目法による等化係数一覧

	K	L
平均&シグマ	1.103	0.359
ハエバラ	1.154	0.395
ストッキング&ロード	1.142	0.379

表7-4 テストYの独自項目部分の項目母数

項目番号	等化前 識別力	等化前 困難度	等化後 識別力	等化後 困難度
31	0.446	−0.459	0.386	−0.135
32	0.463	−0.857	0.401	−0.594
33	0.749	−1.545	0.649	−1.388
34	0.559	0.369	0.484	0.821
35	0.546	−0.096	0.473	0.284
36	0.694	0.749	0.601	1.259
37	1.111	0.742	0.963	1.251
38	1.046	−0.110	0.909	0.268
39	0.558	−0.533	0.484	−0.220
40	0.206	−1.745	0.179	−1.619

表7-5 テストYの最初の10名分の特性値

受検者番号	等化前	等化後
1	−0.831	−0.564
2	−0.985	−0.742
3	0.270	0.707
4	0.782	1.297
5	−1.249	−1.046
6	−1.345	−1.157
7	0.738	1.247
8	2.040	2.749
9	−0.606	−0.304
10	−0.860	−0.597

なるのは，テストYの受検者です。テストYの受検者データの最初の10名について，同じくハエバラ法による等化係数を用いて等化を行うと，特性値は表7-5のようになります。たとえば，受検者1の等化後の特性値は−0.564となっていますが，これは，以下のようにして求めたものです。

$$\theta_{Y \to X} = K\theta_Y + L = 1.154 \times (-0.831) + 0.395 = -0.564$$

7.4.3 共通受検者計画における等化係数の推定

図7-3で示した共通受検者計画では，各共通受検者のテストX，テストYのそれぞれの特性値を用いて，等化係数を推定します。共通受検者計画では，共通受検者の特性値は2通り得られています。1つめは，テストXのデータを分析して推定された特性値（特性値$_X$）です。もう1つは，テストYを分析して推定された特性値（特性値$_Y$）です。この2つの特性値を用いて，共通項目計画のときと同じく平均＆シグマ法を用いることができます。テストYをテストXに等化するとき（等化の方向がY→X），等化係数を［7-⑦］［7-⑧］式で推定します。

$$K = \frac{\text{特性値}_X\text{の標準偏差}}{\text{特性値}_Y\text{の標準偏差}} \quad [7\text{-}⑦]$$

$$L = \text{特性値}_X\text{の平均} - K \times \text{特性値}_Y\text{の平均} \quad [7\text{-}⑧]$$

しかし，この特性値を用いた平均＆シグマ法では，テストXとテストYの項目数が大きく異なるときなど，特性値の推定誤差の大きさが異なると，適切に等化係数を推定できません。そこで野口・熊谷（2011）の方法を用いて，特性値の標準誤差（6.1.4項を参照）を利用して，［7-⑦］式を［7-⑨］式のように補正します。

$$K = \sqrt{\frac{\text{特性値}_x\text{の分散} - \text{標準誤差}_x{}^2\text{の平均}}{\text{特性値}_Y\text{の分散} - \text{標準誤差}_Y{}^2\text{の平均}}} \qquad [7\text{-}⑨]$$

標準誤差も特性値と同様に，テストXを分析したものとテストYを分析したものとで，2通り得られています。

ところで野口・熊谷（2011）の方法は，項目数が極端に少ないときなどに，式中の「標準誤差の2乗の平均」が適切な値にならない場合があります。そこで，熊谷・野口（2012）では，受検者個人の特性値ではなく，受検者の母集団の平均および標準偏差を推定し，その値を用いて平均＆シグマ法を行う方法を提案しています。

●**数値例**● 図7-3のような共通受検者計画のテストデータに対して，等化係数を推定してみます。用いるデータは，テストXが項目1〜40の40項目，テストYが項目41〜60の20項目です。テストXを受けた受検者集団Aと，テストYを受けた受検者集団Bはそれぞれ1,500名，このうち500名が共通受検者となっています（図7-10）。

はじめに，テストXとテストYそれぞれのデータ行列について，個別に項目母数の推定および，特性尺度値の推定を行います。そして，共通受検者500名について，テストXにおける特性尺度値，およびテストYにおける特性値の平均，標準偏差および標準誤差の2乗の平均を求めると表7-6のようになりました。

これらの数値を［7-⑦］［7-⑧］［7-⑨］式に代入すると，平均＆シグマ法および，野口・熊谷（2011）の方法で等化係数を計算できます。また，熊谷・野口（2012）の方法では，共通受検者500名について，テストX部分のデータおよび先に求めたテストXの項目母数を用いて，母集団分布の平均と標準偏差を求めます（表7-7）。同様に，テストY部分についても，母集団分布の平均と標準偏差を求めます。この平均と標準偏差を，平均＆シグマ法と同様に［7-⑦］［7-⑧］式に代入することで，等化係数を得ます。

質問コーナー

テスト計画上，1つの等化方法しか利用できないのですが，等化がうまくいっているかを確認する方法はありませんか？

2つのテストを受検した受検者集団の，等化後の特性値分布を確認するのもひとつの方法です。等化を行うことで特性値も比較可能になりますから，たとえばテストXを受検した集団より，テストYを受検した集団の能力値が高いことが事前にわかっていれば，等化後の特性値の平均値は，テストY集団のほうが高くなるはずです。このとき，標準偏差なども考慮しながら，適切な範囲内で平均値が向上しているかを確認することも重要です。

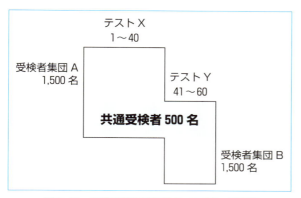

図 7-10　共通受検者等化用テストデータ概要

表 7-6　共通受検者の特性値の平均，標準偏差と標準誤差の 2 乗の平均

	テスト X	テスト Y
θ の平均	0.047	−0.332
θ の標準偏差	0.979	0.935
標準誤差の 2 乗の平均	0.094	0.138

表 7-7　共通受検者の母集団分布の平均と標準偏差

	テスト X	テスト Y
平均	0.044	−0.346
標準偏差	0.968	0.885

3 種類の方法で得られた等化係数も含めたものが，表 7-8 になります。

テスト X と Y の項目数の比が 40：20 と大きく異なり，このことから推定誤差も，両テスト間で大きく異なることになります。この推定誤差の違いが影

表 7-8　共通受検者法による等化係数一覧

	K	L
平均 & シグマ	1.047	0.395
野口・熊谷（2011）	1.084	0.407
熊谷・野口（2012）	1.094	0.422

響して，平均 & シグマ法での K の推定値がやや小さくなることが知られていますが，今回のデータではそれほど大きな違いは見られませんでした。

等化係数を推定できたならば，共通項目法と同様に，等化すべきテスト項目（ここではテスト Y）の項目母数を，［7-②］式の 1 番目と 2 番目の式を使って変換します。また，共通受検者を除くテスト Y の受検者の特性値は，［7-②］式の 3 番目の式を使って変換します。2 通り得られている共通受検者の特性値は，テスト X を分析した結果を採用します。

7.4.4　等化係数を利用しない等化方法

項目反応理論を利用した等化では，等化係数を用いない方法もあります。それらは，共時等化法および項目固定法です。共時等化法と項目固定法は，潜在ランク理論（6.2 節）における等化でも有効です。

● 共時等化法 ●　共時等化法は，図 7-2 や図 7-3 のテスト計画から得たテストデータ行列全体を用いて，項目母数の推定を行う等化法です。図 7-2 のような共通項目の場合，受検者集団 A のテスト Y の独自項目に対する解答部分と，受検者集団 B のテスト X の独自項目に対する解答部分は，欠測データとして処理します。

また，項目母数推定時に多母集団モデルを用いて，たとえばテスト X の受検者集団を基準集団とすることにより，テスト Y をテスト X の尺度上で表現することができます。共通受検者計画においては，そのままですべてのデータ行列を用いて，項目母数を推定することになります。

この方法では，すべてのデータを一緒に分析しているので，共通項目についても 1 通りの項

目母数しか得られません。この方法で得られた項目母数は，すべて同一の尺度上に比較可能です。言い換えれば，すべての項目の母数が推定されたときに，すでに等化が終わっています。

● **項目固定法** ●　項目固定法は，項目母数推定時にすでに母数の値がわかっている項目についてはその値に固定して，残りの項目母数を推定する方法です。

たとえば，図7-9のような共通項目計画での等化係数の推定では，テストXおよびテストYのデータ部分だけを用いて，項目母数の推定を行いました。このとき，テストYの項目母数を推定する段階で，共通項目部分についてはテストXで推定された項目母数の数値で固定して，独自項目の母数だけを推定することで，等化を実現します。

● **数値例** ●　図7-9の共通項目計画のテストデータに対して，共時等化法および項目固定法で等化を行います。等化は，これまでと同様に，テストYをテストXの尺度上で表現します。どちらの方法も等化係数は算出されませんので，等化されたテストYの独自項目の項目母数（等化後の項目母数と呼ばれます）を，表7-9に示します。また共通項目法として，ハエバラの方法における等化後項目母数も示しています。

表7-9　テストYの独自項目の等化後項目母数

項目	共時等化法 識別力	共時等化法 困難度	項目固定 識別力	項目固定 困難度	Haebara 識別力	Haebara 困難度
31	0.391	−0.101	0.394	−0.146	0.388	−0.127
32	0.406	−0.556	0.407	−0.600	0.402	−0.586
33	0.660	−1.334	0.667	−1.366	0.651	−1.376
34	0.497	0.839	0.509	0.781	0.486	0.825
35	0.477	0.312	0.479	0.264	0.475	0.290
36	0.603	1.280	0.603	1.228	0.604	1.261
37	0.978	1.264	1.003	1.200	0.966	1.253
38	0.929	0.298	0.929	0.251	0.910	0.273
39	0.486	−0.188	0.484	−0.237	0.485	−0.213
40	0.182	−1.556	0.184	−1.583	0.179	−1.606

表7-9より，ほとんどの項目において，どの方法でも実用上は大差がない推定値になっています。項目40の位置母数に若干の開きがありますが，傾き母数が低いことなども影響しているため，単純に等化法の優劣を決めることはできません。

7.5　等化における注意点

7.5.1　等化計画の決定

等化を行うときに，はじめに決めなければならないのが，どのような等化計画にするかということです。これは，実際の研究目的や，テストの実施状況による制約を受けて，決定することがほとんどです。

たとえば，入試問題であれば，今年の問題項目を何の工夫もなしに来年のテストに再出題することはできません。したがって，図7-2のような共通項目計画を用いることはできません。

また，共通受検者計画では，測定したい特性・能力が変化しない期間で，同じ受検者集団に二度のテストを実施する必要があります。しかし，やはり入試では原則再受験できませんから，図7-3の共通受検者計画を用いることはできないことになります。

そこで，次項で述べる共通項目や共通受検者の数の確保なども考えながら，等化計画を決めていく必要があります。

7.5.2　共通項目・共通受検者の数

等化では，共通項目や共通受検者の情報をもとに分析を行います。したがって，それらの数が多ければ多いほど，等化の精度は増します。しかし，テストに含められる項目数には制限があるので，共通項目計画では，共通項目の数を際限なく増やすことはできません。それに比べて共通受検者計画であれば，受検者を増やすことに制限はありません。とはいえ現実場面では，測定したい特性・能力が変化しない期間に大量の受検者に二度のテストを実施するのは，大きなコストがかかります。

共通項目や共通受検者の数がいくつあればよいのか，という絶対的な基準はありません。筆者の経験としては，共通項目数は15以上（受検者の処遇に関わるようなテストでは20項目），共通受験者数は500名程度（受検者の処遇に関わるようなテストでは1,000名以上）であれば，ある程度安定した等化ができます。

7.5.3　等化の計算手続きの選択

本章で紹介した等化の計算手続き以外にも，さまざまな手法が提案されています。等化計画によって利用できる計算手続きは異なりますが，どれが"最善"の方法なのかを，一概に決めることはできません。テスト計画のほか，共通項目・共通受検者の数や，テストの内容，テストの精度（信頼性）などにより，最適な方法が変わります。また，同じテストデータでも，等化法が異なれば，等化結果も異なります。

また，前節の表7-9にも複数の等化結果を示していますが，通常のテスト場面では，このなかのどれが最も"真の状態"に近いのかを，知ることはできません。

できうる限りさまざまな等化方法を試してみて，等化後の項目母数や特性値に極端な値がないかどうかをチェックしたり，各方法間に差異があっても，それが実用上問題になる程度かどうか（これには項目母数推定時の標準誤差などを，ひとつの目安として利用できます）を検討するのが望ましいでしょう。

7.6　等化の果てに —— 項目バンクとCBT

等化は，複数のテストを同一尺度上で比較するために，必ず必要な作業です。それでは，何回も等化分析をくり返して，たくさんのテスト項目を等化していくと，どういうことになるで

しょうか。これは，項目バンク（item bank）を作成したことになります。

　項目バンクとは，ある対象を測定することを目的に，多数の項目に関する統計情報を含むさまざまな情報を，秩序立てて管理しているデータベースです。等化をくり返して，項目バンクに多数の項目を抱えることができたならば，項目を重複せずにいくつもの平行テスト（1.7.1項を参照）を編集することができます。そうすれば，縦断的にデータをとったとしても，質問内容に飽きることもなく，学習効果も起こりません。

　また，コンピュータを利用したCBT（computer-based test）を実施するうえでも，項目バンクは必須です。紙と鉛筆式のテスト（ペーパー・ペンシル・テスト）とは違って，CBTでは，コンピュータ画面に項目を呈示し，受検者の反応データを直ちに採点し，その都度，暫定的な受検者の特性値を推定することができます。したがって，たとえば，特性値の高いと思われる受検者には，項目バンクから位置母数の大きい項目を選択して，次の項目として画面に呈示することができます。すると，特性値の高い受検者にわざわざ位置母数の低い項目を呈示することがないため，時間の節約になります。

　研究場面においても臨床場面においても，学力テストや心理検査を，コンピュータや情報端末を利用して実施する機会が，今後ますます増えていくことでしょう。そのとき，情報化社会におけるテストの運用には，現代テスト理論を用いたテストの標準化（尺度化と等化）が重要になっていきます。

【文献】

Haebara, T.（1980）. Equating logistic ability scales by a weighted least squares method. *Japanese Psychological Research*, **22**, 144–149.

Holland, P. W. & Dorans, N. J.（2006）. Linking and equating. In R. L. Brennan（Ed.）, *Educational measurement*. 4th ed. American Council on Education and Praeger Publishers. pp. 187–220.

熊谷龍一・野口裕之（2012）．推定母集団分布を利用した共通受検者法による等化係数の推定．日本テスト学会誌，8．

Marco, G. L.（1977）. Item characteristic curve solutions to three intractable testing problems. *Journal of Educational Measurement*, **14**, 139–160.

野口裕之・熊谷龍一（2011）．共通受験者デザインにおけるMean & Sigma法による等化係数推定値の補正．日本テスト学会誌，**7**，15–22．

Stocking, M. L. & Lord, F. M.（1983）. Developing a common metric in item response theory. *Applied Psychological Measurement*, **7**, 201–210.

問1：2つのテストを等化するとき，両方のテストに同じ問題項目群を出題するテスト計画を何といいますか。

問2：2つのテストを等化するとき，同一の受検者群が両方のテストを同時に受検するテスト計画を何といいますか。

問3：2つのテストを等化するとき，両方のテストから問題項目を抽出して，3つめのテストを設計するようなテスト計画を何といいますか。

問4：問1のテスト計画のもとで，2つのテスト（テストXとテストY）について2母数ロジスティックモデルを用いて分析したところ，項目母数が以下のようになりました。このとき，下記の①〜③に答えてください。

表1

項目番号	テストX		テストY	
	傾き母数	位置母数	傾き母数	位置母数
1	0.90	0.00		
2	1.10	−1.40		
3	0.40	−1.70		
4	1.00	−0.90		
5	0.90	1.60		
6			0.80	−0.60
7			0.90	−0.60
8			1.10	1.50
9			1.00	1.80
10			1.20	2.00
11	0.80	−1.60	1.20	0.00
12	1.10	−0.80	1.00	0.50
13	1.20	0.00	0.60	1.00
14	1.40	0.80	0.90	1.50
15	0.70	1.60	0.90	2.00

① 共通項目はどれになるか，項目番号で答えてください。
② 平均&シグマ法を用いて，等化係数を推定してください。
③ 等化係数を用いて，テストYの独自項目をXに等化したときの項目母数を計算してください。

第8章 外国語尺度の翻訳版をつくる ── 特異項目機能

8.1 翻訳版尺度における等価性

　教育心理学の研究では，毎年多くの新しいテストや心理尺度が開発されています。当然，諸外国でも同様に，多くのテストや心理尺度が開発されています。

　さて，あなたが何らかの構成概念を測定するために，心理尺度を利用するとしましょう。すでに国内の研究者によって，その構成概念を測定する尺度が開発されていればよいのですが，外国で開発された尺度しか存在しない場合もあるでしょう。そのようなとき，その尺度を翻訳した「日本語版」を用意することになります。また，最近では，複数の国の研究者が共同して研究を行う場面も増えてきました。このように多国籍チームによる研究で，各国共通の質問紙を実施する場合にも，各言語に翻訳した質問紙が必要になります。

　翻訳版の尺度を開発する場合には，原版と翻訳版が等しい意味をもっている必要があります。これを**等価性**と呼び，とくに翻訳に関わるものを**翻訳等価性**と呼びます。この翻訳等価性を担保するために，2人以上の翻訳者による翻訳結果が一致するかを検討したり（**二重翻訳法**），一度翻訳したものを原版の言語に再び翻訳して，元の表現と一致するかを検討します（**再翻訳法**）。

　これらの方法により，言語的な側面での等価性はある程度，担保できます。しかし，これだけでは，翻訳版と原版が等価であるとはいえません。第1章でも取り上げたテスト・スタンダードでは，「1.14　テストの他言語への翻訳」の項で，「開発されたテストを他言語に翻訳して用いる場合は，文化的差異に影響されず意味内容が同一になるように努力する。（以下略）」と記されています。つまり，たとえ言語的には等価な項目になっていたとしても，受検者の文化的背景などにより，項目の意味内容が等価になっていないことがあります。

　図8-1は，「外向性」を測定するために，「パーティに出席するかどうか」について英語と日本語で尋ねたものです。日本人にはパーティはそれほど身近なものではないため，外向性が高い人であっても，日本人はこの項目に「はい」とは答えにくいでしょう。しかし，同程度に外向性が高いアメリカ人は，この項目にYesと回答しやすいかもしれません。同じように，「食事中に友人と会話するのが楽しい」といった項目も，文化によっては食事中は静かにしなければならないことで，回答傾向の違いが出てくる可能性があります。

図8-1　文化背景の違いによる回答傾向の差異

　このように，翻訳等価性に加えて，文化的な差異も含めて，項目の意味内容が等価であるかどうかを検討する必要があることがわかります。

　本章では，**特異項目機能の検出**という分析手法を用いて，この翻訳版尺度の等価性を検討する方法について見ていきます。

8.2　特異項目機能

　特異項目機能（**differential item functioning**：以下**DIF**とします）は，テストの公平性を検証するための概念です。もし，測定しようとしている能力・特性が等しくても，受検者が所属する下位集団によって正答率が異なるような項目があるとき，その項目に「DIFが見られた」といいます。

　DIFは，1900年代中頃，テストの結果が人種や民族などの違いにより不公平が生じていないか，能力とは関係なくある人種や民族に不利になるような項目がないかを検討するために，考え出された概念です。当初は**項目バイアス**と呼んでいましたが，現在ではどちらかの集団に有利・不利となるような状況以外でも使えるように，より中立的なDIFという用語を使います。

　この「所属する下位集団によって正答率が異なる」状況については，第6章で見た項目反応曲線で表現すると，よくわかります。図8-2①は，同一の問題項目に対して，集団1と集団2[*27]が解答したときの項目反応曲線です。このように2本の曲線がずれているときは，同じ能力（特性値）であっても，正答確率が異なります。図8-2①の場合，特性値が0である受検者が集団1に所属していれば，正答確率は0.2に満たないのに対し，集団2に属していれば，0.8を超えています。この図では，2本の項目反応曲線が平行になっています（傾き母数が等しい）。このとき，特性値がいくつであろうとも，常に集団2の正答確率が集団1よりも高くなります。

[*27]　2つの集団において，DIFの影響により不公平が生じているかどうかを検討したい集団を，**焦点集団**（**focal group**）と呼びます。それに対して，規準となる集団を**参照集団**（**reference group**）と呼びます。分析目的によっては，必ずしも焦点集団と参照集団の区別ができないことがあります。

このようなDIFを，**均一DIF**と呼びます。

対して，図8-2②では，2本の曲線が特性値の0付近で交差しています。このとき，特性値が0よりも低い受検者は集団1に属しているほうが有利となり，0よりも高い受検者は集団2に属しているほうが有利となっています。このように，特性値のある点で，集団の有利・不利が入れ替わるようなDIFのことを，**不均一DIF**と呼びます。不均一DIFの場合は，2つの曲線の傾き母数が異なっています。

このようにDIF分析では，どちらかの集団に有利・不利となっているような項目を検出することを目的とします。

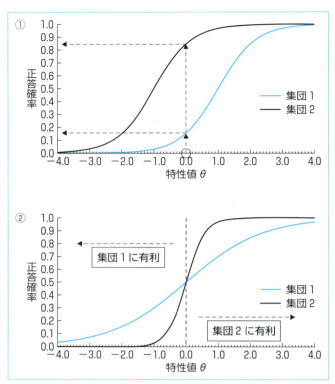

図8-2　均一DIF（上図）と不均一DIF（下図）

8.3　日米の大学生の外向性データ

外向性を測定するための，8項目からなる尺度の日本語版と英語版に対して，アメリカ人500名と日本人500名の大学生が回答しました。このデータに対してDIF分析を行います。項目内容は表8-1に示したとおりです。それぞれの項目に「はい（Yes）」か「いいえ（No）」の2値で自己評定します。

表8-1　外向性尺度の日本語版と英語版

英語版	日本語版
1. I have many friends.	友人が多いほうだ。
2. I'm quiet.	自分は無口なほうである。
3. I like activities such as traveling.	旅行などの活動が好きだ。
4. I'm not good at talking with strangers.	身知らぬ人と話すのが苦手だ。
5. I will actively participate in anything.	何事にも積極的に参加する。
6. I like a lively atmosphere.	陽気な雰囲気が好きだ。
7. I often attend parties.	パーティによく出席する。
8. It's fun talking with friends during a meal.	食事中に友人と会話するのが楽しい。

＊項目2，4は逆転項目

表8-2　外向性尺度のデータ行列（仮想データ）

受検者	国籍	項目							
		1	2	3	4	5	6	7	8
1	1	0	0	0	0	0	0	1	0
2	1	1	1	1	1	1	1	1	1
3	1	1	1	0	0	0	0	1	0
4	1	1	0	1	0	0	0	1	1
5	1	0	1	1	1	0	1	1	1
999	2	1	1	0	1	1	1	1	1
1000	2	0	1	0	1	1	0	0	0

　実際のデータは，表8-2のとおりです。変数「国籍」は，1がアメリカ人，2が日本人を意味する名義尺度です。このデータに対して，アメリカ人を「参照集団」，日本人を「焦点集団」とし，日米でDIF項目があるか（日本人にとって有利，あるいは不利な項目があるか）どうかを分析によって明らかにします。

8.4　純化の手続き

　テストからDIF項目を取り除くには，DIF検出を1回やればよいというわけではありません。ふつう，たった一度の検出ではDIF項目を検出しきれなかったり，DIF項目ではないものをDIF項目としてしまうことがあります。そのため，DIF検出の手続きをくり返し実施して，DIF項目なのかそうでないのかを，適切に弁別する必要があります。これを純化（Purification）と呼びます。

　この純化の手続きには，定まった方法はありません。たとえば，複数のDIF分析を実施して，すべての方法でDIF項目と見なされた項目を，テストから1つずつ取り除いていく方法があります。あるいはただ1つのDIF分析を用い，最もDIFが強い項目を，1つずつテストから取り除くというやり方でもよいでしょう。DIF項目の検出方法はいくつもありますが，本章では，マンテル-ヘンツェル法と項目反応理論による方法の，2つを紹介します。

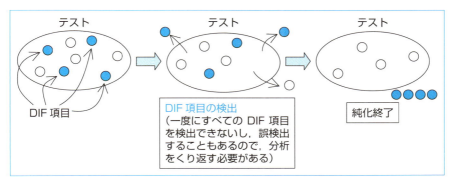

図8-3　純化手続きのイメージ

8.5 マンテル–ヘンツェル法

マンテル–ヘンツェル法（**Mantel–Haenszel法**：以下 **MH法**）は，均一DIFを検討するための方法で，次の手順で計算を行います（Mantel & Haenszel, 1959；Dorans & Holland, 1993）。

●**受検者集団のグループ分け**● まず，能力別にグループ分けをします。テスト得点の度数分布を参考に，各グループの度数があまり小さくならないようにします。受検者数が多い場合は，テスト得点ごとにグループをつくり，度数が少ないグループがあったら，前後のグループと合併します。

●**クロス集計表の作成**● DIFを検討したい項目に対して，グループごとに，表8-3のような2×2のクロス集計表を作成します。

表8-3 グループ g のクロス集計

	正答	誤答	合計
日本人 (焦点集団)	正答数$_{日g}$	誤答数$_{日g}$	人数$_{日g}$
アメリカ人 (参照集団)	正答数$_{米g}$	誤答数$_{米g}$	人数$_{米g}$
合計	正答数$_g$	誤答数$_g$	人数$_g$

●**共通オッズ比を求める**● 表8-3の各セルの度数をもとに，[8-①]式により，共通オッズ比を求めます。分母，分子ともに，グループごとにアメリカ人にとって有利，もしくは日本人にとって不利な項目であれば，正答数$_米$もしくは誤答数$_日$の度数が大きくなります。そのとき，[8-①]式の分子が大きくなるので，共通オッズ比は1.0を超えて大きくなります。逆に，アメリカ人にとって不利，もしくは日本人にとって有利な項目は，共通オッズ比が小さくなり，0〜1の数値になります。両集団にとって公平であれば，共通オッズ比は1.0になります。

$$共通オッズ比 = \frac{\dfrac{(正答数_{米g} \times 誤答数_{日g})}{人数_g}のグループ和}{\dfrac{(正答数_{日g} \times 誤答数_{米g})}{人数_g}のグループ和} \qquad [8-①]$$

●**Δ による DIF の判定**● 次に，このようにして求めた共通オッズ比を[8-②]式に適用します。つまり，共通オッズ比の自然対数[*28]に，-2.35を乗じてΔ（デルタ）を計算します。ΔはDIFがまったくないときに0となり，Δが正であればアメリカ人に対して不利，負であれば日本人に対して不利であることを示す指標です。

[*28] 底がe（**ネイピア数**，約2.718）であるような対数を自然対数といい，$\ln$と表記します。つまり，$\ln x = \log_e x$ です。

$$\Delta = -2.35 \times \ln(共通オッズ比) \quad [8\text{-②}]$$

このΔを用いて，DIFのあるなしを判断します。米国の非営利テスト開発機関 Educational Testing Service（ETS）が用いている，3段階の判定基準（Zwick, 2012）を図8-4に示します。

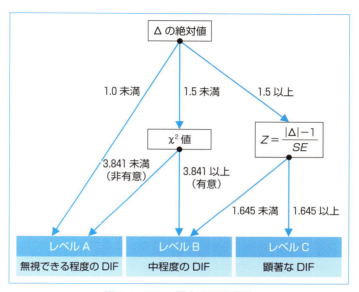

図 8-4　DIF に関する ETS 基準

ETSの基準では，DIFの強さによって，レベルA，B，Cがあります。まず，Δの絶対値[*29]が1.0未満だったら，その項目のDIFは，問題にするほどのものではなくレベルAです。|Δ|が1.0以上1.5未満のときは，$MH\chi^2$値を用いてレベルAかBかを診断します。$MH\chi^2$値は，以下のようにして計算します。

$$MH\chi^2 = \frac{\{|正答数_{*g}の総和 - E(正答数_{*g})の総和| - 0.5\}^2}{V(正答数_{*g})の総和} \quad [8\text{-③}]$$

[8-③] 式内を展開すると，以下になります。

$$E(正答数_{*g}) = \frac{人数_{*g} \times 正答数_g}{人数_g} \quad [8\text{-④}]$$

$$V(正答数_{*g}) = \frac{人数_{*g} \times 人数_{日g} \times 正答数_g \times 誤答数_g}{人数^2_g(人数_g - 1)} \quad [8\text{-⑤}]$$

[*29] 符号をとった数値の大きさのこと。たとえば，|+3| = 3，|-4| = 4。

Δが0であることを帰無仮説としたときに，$MH\chi^2$値が自由度1のχ^2分布に従います。$MH\chi^2$値が3.841より大きいとき，5%水準で有意です。

また，$|\Delta|$が1.5以上のとき，DIFのレベルがBであるかCであるかを，$Z点 = \frac{|\Delta|-1}{SE}$を用いて診断します。Zは，$\Delta$の検定統計量です。式に出てくる$SE$は，$\Delta$の標準誤差を表しています。しかし，非常に込み入った式なので，ここでは省略します。Zが1.645を超えたとき，Z＝0という帰無仮説が5%水準（片側）で棄却します。そして，DIFのレベルをCと判定します。

8.5.1 MH法の計算例

純化手続きにおける1回目のMH法の分析結果が，表8-4です。受検者集団の分割は，8項目の和得点を1点ごとに0～8点の9グループに分けました。この段階では，まだどの項目にDIFがあるのかはわかりません。ETS基準のレベルBとCに該当する項目，つまり，$|\Delta|\geq 1.0$かつ$MH\chi^2\geq 3.841$の項目は，項目1, 2, 3, 7でした。

表8-4 マンテル-ヘンツェル法（1回目）

項目	$MH\chi^2$	Δ	SE	$\frac{|\Delta|-1}{SE}$	判定
1	7.107	1.178	0.431	0.414	B
2	10.939	1.333	0.404	0.824	B
3	17.560	1.801	0.430	1.864	C
4	3.689	0.887	0.443	−0.256	A
5	2.090	0.777	0.500	−0.445	A
6	2.051	0.588	0.387	−1.064	A
7	206.516	−6.849	0.554	10.551	C
8	1.433	0.477	0.379	−1.379	A

続いて，2回目のDIF分析を行います。はじめに，1回目でDIF項目と判定されなかった項目4, 5, 6, 8の4項目で，和得点を算出します。この和得点にMH法を行う項目を加えて，グループ分けを行います（項目1, 2, 3, 7の分析の場合は0～5点の6グループ，項目4, 5, 6, 8の場合はすでに和得点に組み込まれているので，0～4点の5グループになります）。次に，8項目すべてに対して，再度MH法の分析を行います。この2回目の分析では，項目7のみがDIF項目と見なされました。したがって3回目の分析では，項目7のみを和得点の算出から除外します（2回目の分析で除外された項目1, 2, 3は，再び和得点に組み込みます）。

このようにして，和得点の算出から項目を削除する手続きをくり返していきます。3回目に得られた分析結果が，表8-5です。和得点から除外されたのは，項目7のみとなります。項目7は，1つ前の分析で除外された唯一の項目ですから，これ以上この手続きをくり返す必要はなくなります。8.5節のETS基準による判定結果では，項目7はレベルCとなります。

項目7におけるΔの数値が負になっていますから，「パーティによく出席する」とい

表8-5 マンテル-ヘンツェル法（3回目）

項目	$MH\chi^2$	Δ	SE	$\frac{|\Delta|-1}{SE}$	判定
1	0.002	0.022	0.435	−2.249	A
2	0.889	0.415	0.408	−1.433	A
3	3.239	0.819	0.437	−0.414	A
4	0.234	−0.255	0.446	−1.670	A
5	0.321	−0.347	0.515	−1.267	A
6	0.361	−0.273	0.396	−1.837	A
7	206.516	−6.849	0.554	10.551	C
8	0.827	−0.376	0.385	−1.620	A

う項目は，集団1のアメリカ人にとっては「Yes」と答えやすく，日本人にとって「はい」と答えにくい，つまり外向性が同じくらいであるにもかかわらず，アメリカ人と比べて日本人はパーティにはあまり出席しないということが，DIF分析の結果からわかります。

8.6 指標KによるDIF検出——項目反応理論を用いた方法

DIF分析でよく用いられる方法のひとつに，第6章で紹介した項目反応理論（IRT）を用いたものがあり，さまざまな手法が提案されています。たとえば，アメリカ人と日本人のそれぞれのデータを，項目反応理論で分析します。すると，同じ項目について，2つの項目反応曲線を得ることができます。そして，それら2本の項目反応曲線（図8-2）で囲まれた面積を計算するDIF検出方法や，項目母数の推定時の尤度を利用する方法などがあります。本節では**指標K**（熊谷，2012）を用いた方法を紹介します。

8.6.1 指標Kの算出手続き

●**データ行列の分割と項目母数の推定**● DIFの存在を検討したい項目について，アメリカ人が回答した部分と日本人が回答した部分に，データ行列を分割します（図8-5）。この分割したデータ行列に対して，IRT分析を行います。

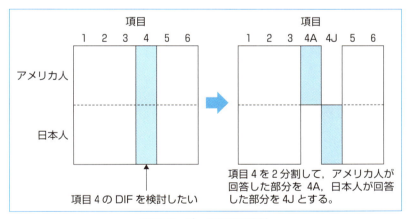

図8-5 データ行列の分割

●**指標Kの算出**● 上記の手続きで得られるデータ行列に対してIRT分析を行うと，DIFを検討したい項目については，2項目分（図8-5の例では，項目4Aと4J）の項目母数が得られます。この2項目分の項目反応曲線を描いたら，図8-6のようになったとします。

図8-6の特性値の尺度上で，2つの曲線の垂直方向に差があることは，「同じ能力（特性値）であるにもかかわらず，正答確率に差がある」ことを意味しています。そこで，この「正答確率の差」に対して，特性値の母集団分布（図8-6の下側の図）を用いて，その「期待値」を算

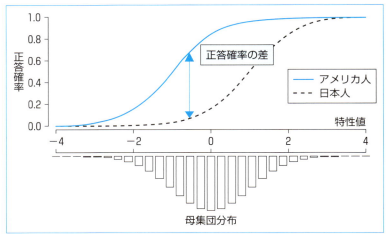

図 8-6 項目 4A と 4J の項目反応曲線

出したものが指標Kです。期待値を計算するということは，母集団分布の度数で重みつけて，平均を計算するということです。簡単にいえば，分布において人数が多いところの差を，重要視するということです。いくら差が大きくても，分布において人が多くなければ，その差を重要視しません。

指標Kは，「正答確率の差の絶対値の期待値」です。正答確率の差なので，0〜1の間の数値をとり，0に近いほど2本の曲線が重なっていて，1に近づくほど2本の曲線のずれが大きいことを示しています。2本の曲線がある点で交差する場合は，不均一DIFを示すことになります。指標Kは，均一DIFだけでなく，不均一DIFを検出するのにも使うことができます。

指標Kの目安として，2値型データの場合，0.1を超えると，MH法のETS基準におけるレベルCにおおよそ対応します。

8.6.2 計算例

日米大学生の外向性データに対して，指標Kを算出します。指標Kの算出においても純化が必要となり，以下の手続きで行います。

純化の手続き

(1) すべての項目に対して指標Kを算出する。

(2) もう一度，すべての項目に対して指標Kを算出する。この際，(1) の手続きで指標Kの値が基準を上回った項目については，(当該項目の分析時以外では) 項目母数の推定時にデータ行列から除外をする。

(3) (2) の手続きを，基準を下回る項目が変化しなくなるまでくり返す。MH法と同様に，一度項目母数推定時にデータ行列から除外した項目でも，指標Kの値が基準を下回ったときには，再びデータ行列に投入する。

表8-6は，純化の手続きを2回くり返したときの，指標Kの値です。0.1の基準を超えたのは，項目7と8でした。

図8-7①は，項目7の集団ごとの項目反応曲線になります。この図から，日本人の曲線はアメリカ人のものより右に位置していますから，日本人のほうが「はい」と答えにくいことがわかります。これはMH法による結果と同じです。

図8-7②は，項目8の日米比較です。この図から，特性値（この分析では外向性です）が0よりも低い部分ではアメリカ人の曲線が高く，0よりやや高い部分から日本人の曲線が高くなっています。図からわかるとおり，これは不均一DIFです。均一DIFを検出するMH法でこの項目は，検出できませんでした。

図8-7から，「食事中に友人と会話するのが楽しい」という項目に対して，外向性が低い日本人はアメリカ人と比べて「はい」と答えにくいものの，外向性が高くなると，アメリカ人よりも「はい」と答えやすくなる，という傾向が読み取れます。

表8-6 外向性データにおける指標K（2回目）

項目	指標K
1	0.077
2	0.029
3	0.056
4	0.057
5	0.017
6	0.016
7	0.444
8	0.174

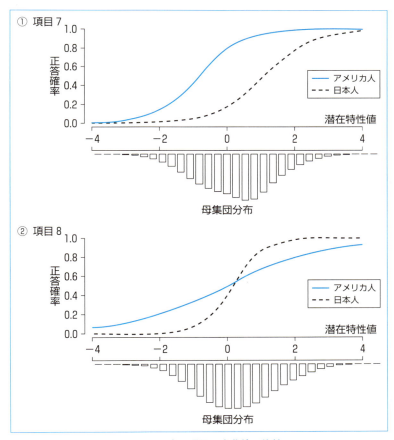

図8-7 日米の項目反応曲線の比較

指標KによるDIF分析では，このように数値のみではなく，項目反応曲線の形状にも着目しつつ解釈することが重要です。

8.7 DIF項目の解釈

8.7.1 DIFが生じた原因について

DIFが検出された項目について「なぜDIFと判定されたのか」，その理由は，分析で得られた数値から知ることはできません。先の数値例で見た「パーティによく出席する」という項目についても，なぜ（外向性の程度が同じでも），アメリカ人が日本人よりも「はい」と答えやすいのかについて，本当の理由を見つけることは難しいです。先にも述べたとおり，日本の文化ではそれほどパーティが身近でないからかもしれませんし，翻訳上の問題かもしれません。もちろん，そのほかの理由かもしれません。

DIF分析の結果を解釈するためには，測定したい領域に関する知見が必要なのは当然として，それにまつわるさまざまな周辺知識（文化的・歴史的背景，社会構造，民族性など）が必要になります。

8.7.2 DIF項目の取り扱い

DIFと判定された項目の取り扱いについても，決まったやり方があるわけではありません。テスト・尺度の測定内容，研究目的などにより異なります。

たとえば，「ある集団にとって不公平となるような項目が，テストに含まれていないか」のように，テストの公平性を担保することが目的であれば，DIF項目をテストから除外することが必要です。それに対して，数値例で見たように，翻訳版尺度の等価性を検討することが目的であるならば，なぜそのようなDIFが生じたのかを考えることが重要になります。翻訳上の問題であれば，再度翻訳をすることになるでしょうし，「パーティ」という単語を別のものに置き換えるという対応ですむかもしれません。日本人の大学生には，「飲み会によく参加する」くらいの表現のほうが，釣り合うのかもしれません。

8.8 DIF検出の計算手続き上の注意点

DIF検出を行うときの注意点を，以下に示します。

8.8.1 複数のDIF検出方法を用いる

先にも述べたとおり，DIF項目を検出するための手法はいくつかあります。取り扱うDIFの種類（均一DIF，不均一DIF）や，DIFと見なす基準など，それぞれの手法ごとに特徴があり

ます。数値例でも見たように，1つの方法だけで，すべてのDIF項目を検出できるわけではありません。DIF項目の原因を考察する際にも有用なので，できるだけ複数の方法を行って，それぞれを比較検討することが良いでしょう。

8.8.2 標本サイズが大きいときの注意

いくつかのDIF検出方法では，「DIFが存在しない」ことを帰無仮説とした，仮説検定を行います。ほかの多くの統計的検定と同様に，標本サイズが大きくなると，実際には意味のない微少な差であっても，有意であると判定しやすくなります。このようなときは，MH法のΔや指標Kのように，DIFの程度を表す指標の数値自体の大きさを検討することが必要です。

また，純化の手続きでもこの点に注意が必要です。最初のDIF検出における検定結果で，すべての項目が有意になってしまうと，次の段階に進めなくなります。その場合は，DIFの程度が一番大きい項目から，順に分析から除外するなどの配慮が必要です。

8.8.3 下位集団の設定

DIF検出分析は，言語の違いによる翻訳等価性の問題だけでなく，ある特定の少数集団（マイノリティ）に対して，ある項目が有利あるいは不利になっていないかを検証するために広く使えます。そのとき，検討する下位集団をどのように設定するかが，とても重要になります。あまり意味のない集団設定をしてしまうと，DIF項目を検出したとしても，その意味するところがわからなくなってしまいます。

たとえば，歴史テストのある特定の項目が，京都府出身の受検者にとって特別に有利になっていないかどうか（古代・中世と歴史の舞台は京都が中心なので）を検討することは，意味があるかもしれません。しかし，数学テストのある特定の項目が，京都府出身者にとって有利不利になっているかどうかを検討して，仮にDIF項目を見つけたとしても，その原因はよくわからないということになるでしょう。

8.9 3値以上，3母集団以上の分析

これまで説明してきたDIF検出方法は，データの反応が「はい・いいえ」の2値型で，集団

質問コーナー

本章で紹介されている以外に，どのようなDIF検出方法があるのですか？

本章で扱った以外にも，さまざまな方法が提案されています。尤度比を用いた検定方法（Thissen et al., 1993）や，ロジスティック回帰分析を利用した方法（Zumbo, 1999）などがあります。詳しくは，渡辺・野口（1999）や，前田・野口（2006）などを参照してください。

の数も2つの場合でした。MH法を含めいくつかの方法では、3件法以上のリッカートデータや、多枝選択式などのカテゴリ数が3つ以上の多値型データや、検討する集団数が3つ以上の場合でも、応用できる手法が提案されています。

　8.6節で紹介した指標Kも、多値型データおよび、集団数が3つ以上のときでも使えます。図8-8は、5件法データに対する指標Kの算出で用いる、項目期待値曲線です。2値型データでは、上図の縦軸が0〜1の正答確率だったのに対して、1〜5の期待得点になっています。また図8-9は、3集団のときの項目反応曲線です。集団の数（3つ）に対応して、曲線の数も3本になっています。

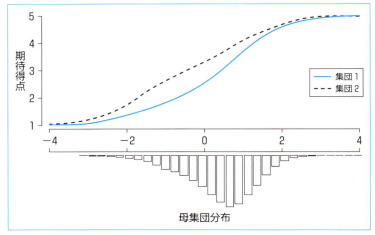

図8-8　多値型データに対する指標Kの分析

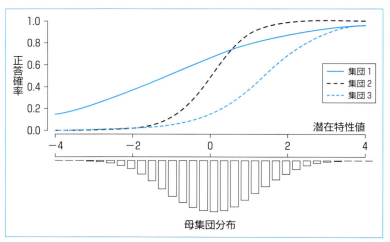

図8-9　3集団データに対する指標Kの分析

　現在のところ、多値型データや3集団以上のDIF分析の研究例は多くありませんが、方法の発展にともなって今後研究例が増えていくでしょう。ただし、8.8.3項でも述べたとおり、下位

集団の設定はDIF分析においてとても重要です。むやみやたらに下位集団の数を多くすると，解釈の困難さを招くだけではなく，意味のないDIFを検出することにもつながりますので，注意が必要です。

8.10 まとめ

多国籍のチームを編成して，海外の研究者と共同で研究をする機会は，今後ますます増えていくでしょう。その際は，文化や民族を超えて使うことのできる，万国共通の尺度が必要です。日本人はよく内気であるといわれます。これは，もしかしたら，国際比較のときに「パーティに行きますか？」と聞かれて，「いいえ」と答えてきたことも一因で，そのために内気の程度が過大に見積もられてきたからかもしれません。正しく国際比較を行ううえで，翻訳の等価性はクリアしなくてはいけない重要な課題です。

また，国内のテストや心理検査についても，特定の少数集団や地域などが不利益をこうむらないように，DIF項目を検出することが大事です。DIFと判定された項目について，その原因をさぐることは簡単ではありません。しかし，その原因を考察することは，あなたに新しい発見をもたらすかもしれません。

【文献】

Dorans, N. J. & Holland, P. W. (1993). DIF detection and description：Mantel-Haenszel and standardization. In P. W. Holland & H. Wainer (Eds.), *Differential item functioning*. Lawrence Erlbaum. pp. 35-66.
熊谷龍一 (2012). 統合的DIF検出方法の提案――"EasyDIF"の開発. 心理学研究, **83**, 35-43.
前田忠彦・野口裕之 (2006).「法科大学院統一適性試験」のDIF分析. 適性試験委員会編　法科大学院統一適性試験テクニカル・レポート2005. 商事法務, 64-86.
Mantel, N. & Haenszel, W. (1959). Statistical aspects of the analysis of data from retrospective studies of disease. *Journal of the National Cancer Institute*, **33**, 719-303.
Thissen, D., Steinberg, L., & Wainer, H. (1993). Detection of differential item functioning using the parameters of item response models. In P. W. Holland & H. Wainer (Eds.), *Differential item functioning*. Lawrence Erlbaum. pp. 67-113.
渡辺直登・野口裕之編著 (1999). 組織心理測定論――項目反応理論のフロンティア. 白桃書房
Zumbo, B. D. (1999). *A handbook on the theory and methods of Differential Item Functioning (DIF)：Logistic regression modeling as a unitary framework for binary and Likert-Type (ordinal) Item Scores*. Directorate of Human Resources Research and Evaluation, Department of National Defense.
Zwick, R. (2012). A review of ETS differential item functioning assessment procedures：Flagging rules, minimum sample size requirements, and criterion refinement. *Research Report ETS RR-12-08*. Educational Testing Service.

問1：DIFの状況を項目反応曲線で示した下図A〜Cについて，対応するものを①〜③から選んでください。

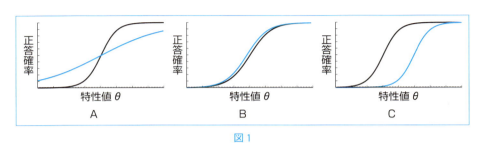

図1

① 均一DIF　　② 不均一DIF　　③ ほとんどDIFが生じていない

問2：DIF分析のはじめにはどの項目にDIFが生じているかわからない状況で，DIF項目を取り除く手続きのことを何と呼びますか。

問3：受検者集団を能力別に3グループに分け[*30]，ある項目についての性別×正答・誤答のクロス集計表が，表1のようになりました。この項目について，マンテル–ヘンツェル法によるDIF分析（男性を焦点集団，女性を参照集団とする）を行うときに，次の①〜⑤に答えてください。

表1

グループ1

	正答	誤答
男性	20	30
女性	25	25

グループ2

	正答	誤答
男性	25	25
女性	30	20

グループ3

	正答	誤答
男性	30	20
女性	40	10

① 共通オッズ比を求めてください。
② Δ（デルタ）を求めてください。
③ $MH\chi^2$ 値を求めてください。
④ SEが0.57であるときにZの値を求めてください。
⑤ DIFのレベルを判定してください。

[*30] 通常のDIF分析では，より多くのグループ数に分けることが望まれます。

付録 ── 各章のQuizの解答

第1章：Answer

問1.
① 受検者1から順に，
　7, 12, 9, 12, 10, 13, 2, 10, 3, 1, 6, 6, 5, 12, 4, 3, 6, 8, 2, 4
② 受検者の合計得点の平均が6.75，標準偏差が3.71となるので，本文［1-⑤］「1-⑥」式に代入すると，受検者1から順に，
　50.67, 64.15, 56.06, 64.15, 58.76, 66.85, 37.20, 58.76, 39.89, 34.50,
　47.98, 47.98, 45.28, 64.15, 42.59, 39.89, 47.98, 53.37, 37.20, 42.59
③ 項目1から順に，
　.35, .35, .85, .40, .15, .25, .25, .65, .90, .45, .60, .20, .40, .60, .35
④ 項目1から順に
　0.23, 0.23, 0.13, 0.24, 0.13, 0.19, 0.19, 0.23,
　0.09, 0.25, 0.24, 0.16, 0.24, 0.24, 0.23
⑤ 項目1から順に
　.56, .81, .50, .74, .44, .10, .66, .63, .29, .79, .69, －.27, .82, .74, .53
⑥ 本文［1-⑭］式に代入して，
$$\alpha = \frac{15}{15-1}\left(\frac{3.02}{13.79}\right) = .84$$
注：計算途中で割り切れない場合，適宜小数第3位を四捨五入している。

第2章：Answer

問1. 独立変数がどちらも質的変数のため，分散分析を用いる。
問2. 独立変数の適性要因（1,500m走の速さ）が連続変数のため，回帰分析を用いる。
問3. ①②の分散分析表は以下のとおり。

分散分析表

要因	平方和	自由度	平均平方	F値	p値	偏η^2
切片	1051.25	1	1051.25	333.73	.00	.95
適性	18.05	1	18.05	5.73	.03	.26
処遇	0.05	1	0.05	0.02	.90	.00
交互作用	11.25	1	11.25	3.57	.08	.18
誤差	50.40	16	3.15			
全体	1131	20				

③ 交互作用項のp値が5％よりも大きいため，有意ではない。そのため，適性によって処遇を変えるべきという根拠はない。

第3章：Answer

問1.
① 102.21
② 1.82
③ 分散切片の推定値が1,036.17であり，標準偏差にすると32.19となる。ここから，各高校間での切片の散らばりが（標準偏差で）30分以上ということになり，階層の影響は大きいといえる。

④ 分散$_{傾き}$の推定値が0.98であり，標準偏差にすると0.99となる．ここから，各高校間での傾きの散らばりが（標準偏差で）1分未満ということになり，階層の影響はほとんどないといえる．

⑤ 切片と傾きの相関係数が－.75であることから，切片が大きい高校ほど，傾きの係数が小さくなるといえる．

第4章：Answer

問1.

◆レベル1◆

小学校j： 読解 ＝ 切片$_j$＋時間傾き$_j$× 時間 ＋漢字傾き$_j$× 漢字 ＋誤差

◆レベル2◆

小学校j： 切片$_j$＝ 全体切片＋偏差切片$_j$

：漢字傾き$_j$＝ 全体漢字傾き＋偏差漢字傾き$_j$

問2.

◆レベル1＋2◆

小学校j： 読解$_j$＝ 切片$_{切片}$＋傾き$_{切片}$× 指導 ＋独自切片$_j$＋（切片$_{時間傾き}$＋傾き$_{時間傾き}$× 指導 ＋独自時間傾き$_j$）× 時間 ＋（全体漢字傾き＋偏差漢字傾き$_j$）× 漢字 ＋誤差

第5章：Answer

問1：スクリープロット

問2：①②ともに30．

問3：各セルの全度数（200）に対する比率を求め，[5-④]式に代入する．

$$\frac{.445-(.620\times.515)}{\sqrt{.620\times.380\times.515\times.485}} \approx .518$$

問4：最大値はクロス集計表が下のようなときで，およそ.572となる．

		項目Y	
		誤答	正答
項目X	誤答	65	0
	正答	20	15

最小値はクロス集計表が下のようなときで，およそ－.308となる．

		項目Y	
		誤答	正答
項目X	誤答	50	15
	正答	35	0

問5：2変量正規分布

問6：ポリコリック相関係数

第6章：Answer

問1：項目A

問2：項目B
問3：（尺度の）1次元性の仮定
問4：[6-②]式に代入すると，$\frac{1}{\sqrt{25}} = 0.2$ となる。
問5：順序尺度
問6：ランク・メンバーシップ・プロファイル（RMP）

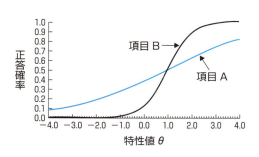

第7章：Answer

問1：共通項目計画
問2：共通受検者計画
問3：係留テスト計画
問4：

項目番号	テストY（等化後）	
	傾き母数	位置母数
6	0.50	−2.56
7	0.56	−2.56
8	0.69	0.80
9	0.63	1.28
10	0.75	1.60

① 共通項目は，両方のテストで項目母数が推定されている必要がある。そのため項目番号11〜15が共通項目となる。
② テストごとに，共通項目の位置母数の平均，標準偏差を求め，[7-④][7-⑤]式に代入する。
$$K = \frac{\sqrt{1.28}}{\sqrt{0.5}} = 1.6$$
$L = 0.0 - 1.0 \times 1.6 = -1.6$
③ テストYの独自項目は項目番号6〜10である。これに対して，②で計算した等化係数を[7-⑥]式を用いて変換する。

第8章：Answer

問1：Aは②，Bは③，Cは①
問2：純化（Purification）
問3：
① [8-①]式より，

$$\frac{\frac{(25 \times 30)}{100} + \frac{(30 \times 25)}{100} + \frac{(40 \times 20)}{100}}{\frac{(20 \times 25)}{100} + \frac{(25 \times 20)}{100} + \frac{(30 \times 10)}{100}} \fallingdotseq 1.77$$

② $\Delta = -2.35 \times \ln(1.77) \fallingdotseq -1.32$
③ [8-④]式から$E(正答数_{女性g})$をグループごとに計算すると，それぞれ22.5, 27.5, 35となる。また[8-⑤]式から$V(正答数_{女性g})$をグループごとに計算すると，それぞれ6.25, 6.25, 5.30となる。この値およびクロス集計表の度数を[8-③]式に代入すると，$MH\chi \fallingdotseq 5.07$となる。
④ $Z = \frac{||-1.32| - 1|}{0.57} \fallingdotseq 0.60$
⑤ 図8-4のフローチャートより，レベルBと判定される。

索 引

ア 行

赤池情報量基準　46
閾値　69
1次元性の仮定　88
位置母数　80, 81
1母数ロジスティックモデル　86
一般線形モデル　18, 19
　　——としての分散分析　20
入れ子になっている　31
因子数　63
因子と項目の関係　62
因子負荷量　63, 69, 75
因子分析　60, 63, 68
　　確認的——　63
　　カテゴリカル——　60, 71
　　完全情報——　63
　　探索的——　63

カ 行

回帰式　21
回帰直線　35
　　交互作用項を含んだ——　28
回帰分析　35, 54
　　一般線形モデルとしての——　24
外向性尺度　112
階層構造データ　34
階層線形モデル　34
階層データ　31, 32, 33
階層の影響　31
傾き　35
傾き母数　80, 82
カテゴリ数　72
下方漸近母数　86
間隔尺度　61
帰無モデル　44, 46
逆転処理　73
級内相関係数　45, 46
共時等化法　105
共通オッズ比　114
共通項目計画　96, 100, 101, 102
共通受検者計画　96, 103, 105
協同学習　18

共分散　66, 67
強平行測定　12, 13
局所独立の仮定　88
クロス集計表　65, 66
クロンバックのα係数　14, 15
係数に関する回帰モデル　52, 53, 55, 56
系統誤差　12
係留テスト計画　96
決定係数　57
原点　79
　　——と単位の不定性　98, 99
構成概念　3
項目応答理論　79
項目固定法　105, 106
項目参照プロファイル　89
項目識別度　89
項目尺度間相関　6
項目選抜　83
項目テスト間相関　6
項目特性曲線　80
項目特性図　9
項目難易度　89, 91
項目バイアス　111
項目バンク　107, 108
項目反応関数　80, 91
項目反応曲線　80, 87, 119
項目反応理論　78, 79, 117
　　——を用いた等化法　98
項目分散　5
項目分析　4
項目母数　80
　　——の解釈　83
項目リメインダ相関　6
誤差分散　12
固定効果　38, 50, 51, 55
固有値　64
困難度母数　81
コンピュータに基づくテスト　92

サ 行

サーストン（Louis L. Thurstone）　60
再検査法　12

索　引

再テスト法　　12
再翻訳法　　110
最尤推定値　　84
最尤法　　46, 71
参照集団　　111
3母数ロジスティックモデル　　86, 87
識別力　　5, 6
　　項目——　　6
　　——母数　　84
自己価値の随伴性　　31
事後期待値　　84
事後最大値　　84
自己調整学習　　31
指数関数　　80, 81
指標 K　　117, 118, 122
四分相関係数　　69, 71
弱平行測定　　14
重回帰分析　　25, 49
　　交互作用項を導入した——　　26
重回帰モデル　　49
　　——におけるマルチレベル分析　　52
縦断データ　　57
純化　　113, 118
順序尺度　　61, 63
　　——データ　　60, 64
焦点集団　　111
処遇　　18
シンプソンのパラドックス　　34
信頼性　　78
信頼性係数　　10, 11, 12, 13, 14
　　——の規準　　15
スクリープロット　　64
　　——基準　　63, 88
スピアマン（Charles E. Spearman）　　69
　　——・ブラウンの公式　　13
スムージング　　71
正規累積モデル　　91
制限最尤法　　46
正定値行列　　71
正答確率　　80
正答率　　4, 5
積率相関係数　　65, 73
折半法　　13
切片　　35
　　——と傾きの共変関係　　43
　　——と傾きを従属変数とするモデル　　52
　　——の分解　　35
切片分散　　37
線形混合モデル　　34

線形変換　　98
潜在特性値　　78, 79
潜在ランク尺度　　89
潜在ランク理論　　78, 88
測定尺度の水準　　61

タ　行

多次元項目反応モデル　　88
多枝選択項目　　7
妥当性　　78
多分相関係数　　71
ダミー変数　　21
単位　　79
段階反応モデル　　87
単純構造　　75
通過率　　4
データ行列　　4
適性　　18
　　——要因　　24
適性処遇交互作用　　18
　　分散分析による——　　19, 23
テスト　　1
　　教育心理学と——　　1
　　現代——理論　　78
　　古典的——理論　　1, 4, 11
　　——情報曲線　　85
　　——情報量　　85
　　——得点　　11
　　——の作成　　2, 3
　　——の精度　　10
　　——の定義　　2
　　——の等化　　94, 95
　　——不安　　18
　　——編集　　86
　　——理論　　78
　　——連結　　94, 95
テトラコリック相関係数　　69, 71
点双列相関係数　　6
等化における注意点　　106
等化の確認方法　　104
等化計画　　95, 96, 106
等化係数　　98, 99
　　共通受検者法による——　　105
　　——を利用しない等化方法　　105
等価性　　110
等百分位法　　97
特異項目機能　　110, 111
特性値　　79, 84, 85

ナ 行

内的整合性　*14*
内発的動機づけ　*18*
二重翻訳法　*110*
2値型データ　*65*
2値型変数　*70*
2変量正規分布　*70*
2母数ロジスティックモデル　*80*
ニューラルテスト理論　*88*
ネイピア数　*81, 114*
ネストされている　*31*

ハ 行

反応　*4*
反復測定データ　*57*
ビッグファイブ　*3*
標準化　*9*
標準誤差　*82*
標準得点　*9, 10*
標準偏差　*66*
比率尺度　*61*
フルモデル　*50*
分散　*11, 66*
　　——分析表　*23*
平均&シグマ法　*100*
平均値　*68*
平行検査法　*12*
平行テスト　*12*
ベイズ情報量基準　*46*
偏差傾き　*42, 44*
偏差切片　*39, 44*
偏差値　*1, 9, 10*
変量効果　*38, 51, 55*
　　——の分散共分散　*51, 55*
ポリコリック相関係数　*71, 73, 74*
翻訳等価性　*110*

マ 行

マルチレベル分析　*31, 34*
　　くり返し測定に対する——　*57*
マンテル-ヘンツェル法　*114, 116*
無作為抽出データ　*34*
名義尺度　*61*
名義反応モデル　*87*
モデルの適合度　*46*
　　——指標　*46*

ラ 行

ラッシュモデル　*86*
ランク・メンバーシップ・プロファイル　*89, 90, 91*
ランダム傾きモデル　*39, 40, 41, 46*
ランダム係数モデル　*42, 43, 46, 47*
ランダム切片モデル　*35, 37, 46*
リッカート尺度　*61, 72*
ルーロンの公式　*13, 14*
レベル　*32*
連続変数　*70*
ロジスティックモデル　*91*

アルファベット&ギリシャ文字

AIC　*46*
ATI　*18*
BIC　*46*
Can-Doチャート　*90*
CBT　*92, 108*
DIF　*111, 114*
　　均一——　*112*
　　不均一——　*112*
　　——検出の計算　*120*
　　——検出方法　*117, 121*
　　——項目の解釈　*120*
　　——に関するETS基準　*115*
GP分析　*7*
IR相関　*6, 7, 84*
IRP　*89*
　　——指標　*91*
IRT　*79*
IT相関　*6, 7, 84*
$MH\chi^2$　*115*
MH法　*114, 116*
R^2　*57*
RMP　*89*
TIPI-J　*2*
z得点　*9*
Δ　*115*
　　——によるDIFの判定　*114*
θ　*79*
ϕ係数　*65, 66*
ω係数　*15*

著者紹介

荘島宏二郎（しょうじま　こうじろう）

【シリーズ編者・第2著者：写真左】
1976年生まれ。
早稲田大学大学院文学研究科博士課程単位取得退学。現在，大学入試センター研究開発部教授，博士（工学）
専門：心理統計学，多変量解析，教育工学
主著書：『学力：いま，そしてこれから』（共著）ミネルヴァ書房 2006 年，『学習評価の新潮流』（共著）朝倉書店 2010 年

読者の皆さんへ：
　娘（4歳）がピアノを習い始めた。楽譜を読むためにカタカナ（ドレミ）が必要で教えている。わりと教育パパかもしれない。意外と力が入る。
　以前，カタカナの新文字を作った。たとえば，「ティ」を「テ」と書く。カタカナは漢字の一部から作られたので，現代中国語で ti と発音する「提」を参考にした。これで「アイデンテテ」と書ける（他の文字は私の HP 参照）。私のパソコンでは自動変換されるので文書作成には注意が必要だ。
　文字を作っては妻に見せた。はじめ妻は好意的だった。しかし，半年近く没頭し，ついには HP を開設したあたりから次第に喜ばなくなり，あるとき「あんた統計やんなさいよ！」と怒られ，私のカタカナ作りは終わった。HP の更新も止まった。ファ行をアップできなかったのが残念だ。
　いつか娘に新カタカナを教えたい。しかし，妻が怒りそう。変なものと思われてしまっている。娘がいつか自発的に学習してくれないかな。教育は内発的動機付けが大事だなあ。←使い方間違い

熊谷龍一（くまがい　りゅういち）

【第1著者：写真右】
1976年生まれ。
名古屋大学大学院教育発達科学研究科博士課程単位取得退学。現在，東北大学大学院教育学研究科教授，博士（心理学）
専門：教育測定学，心理計量学
主著訳書：『QOL 評価学：測定，解析，解釈のすべて』（分担翻訳）中山書店 2005 年，『混迷する評価の時代：教育評価を根底から問う』（分担執筆）東進堂，『組織・心理テスティングの科学：項目反応理論による組織行動の探求』（分担執筆）白桃書房 2015 年

読者の皆さんへ：
　「統計学が苦手で……」「数値や数式がよくわからなくて……」という言葉をよく耳にします。私自身は常に，自分は統計学者でもなければ，統計学が得意なわけでもないということを心に留めています。ただ「自分が本当に知りたいこと」を追い求める過程で，統計学を利用しているだけです。一切の数値やデータを用いずに，論理だけで"万人が"完全に納得するような結果を導けるのならば，それで十分なのだと思います。

心理学のための統計学 4

教育心理学のための統計学
―― テストでココロをはかる

2015 年 8 月 30 日　第 1 刷発行
2024 年 4 月 15 日　第 3 刷発行

著　者　　熊　谷　龍　一
　　　　　荘　島　宏二郎
発行者　　柴　田　敏　樹
印刷者　　日　岐　浩　和
発行所　　株式会社　誠信書房
　　　　　〒112-0012　東京都文京区大塚 3-20-6
　　　　　電話　03 (3946) 5666
　　　　　https://www.seishinshobo.co.jp/

Ⓒ Ryuichi Kumagai, Kojiro Shojima, 2015
印刷／中央印刷　製本所／協栄製本
検印省略　落丁・乱丁本はお取り替えいたします
ISBN 978-4-414-30190-8 C3311　Printed in Japan

JCOPY <(社)出版者著作権管理機構　委託出版物>
本書の無断複写は著作権法上での例外を除き禁じられています。
複写される場合は，そのつど事前に，(社)出版者著作権管理機構
(電話 03-5244-5088, FAX 03-5244-5089, e-mail：info@jcopy.or.jp)
の許諾を得てください。